# 역경 (易經)

자연의 이치에 합당한 삶

# 차례
Contents

# 들어가며

『역경(易經)』이라는 말을 들으면 머리 아픈 학문, 어렵고 난해한 학문이라고 생각하는 사람들이 많다. 그 때문인지 이런 말도 심심치 않게 회자된다.

"공자를 3천 번이나 읽었는데 충분히 이해할 수 없었다."

"역(易)에 통하면 신선이 될 수 있다고 한다."

『역경』은 정말 범접할 수 없을 정도로 난해하고 어려운 내용으로 이루어져 있을까? 『역경』을 한 번이라도 제대로 읽어본 적 있는 사람이라면 우주의 원리와 자연의 원리를 지극히 이해하기 쉽게 설명해 놓은 책, 매우 과학적인 내용으로 이루어진 책임을 알 것이다. 한편 점을 치는 방법이 소개된 것을 보고 '결국은 점을 치기 위한 책이었구나' 하며 크게 실망하는 사람도 있을 수 있다.

그럼에도 불구하고 '주역'이나 '역경', '역'이라는 말을 들으면 왠지 모르게 어려운 책이라는 쪽에 편승하게 되고, 또 그렇게 편승해야만 『역경』을 읽어본 사람으로 인정받을 수 있는 듯한 묘한 분위기에 휘둘린다. 여기에는 다양한 이유가 존재할 수 있다.

첫 번째, 『역경』을 읽어보기는 했지만 한문으로만 이루어져 있고, 해석 역시 난해해 제대로 이해할 수 없었기 때문에.

두 번째, 읽어보기는 했는데 설명 부분이 매우 추상적이어서 현실적인 감각으로는 접근이 어려워 결국 난해한 책이라는 주장에 동의할 수밖에 없다는 결론을 얻었기 때문에.

세 번째, 동양 고전과 관련된 다른 책은 별로 접해 보지 않아 『역경』의 내용을 곧이곧대로 받아들이는 데 한계가 있기 때문에.

네 번째, 동양의 다른 고전도 많이 읽어보았고, 『역경』 역시 자연을 설명한 내용이라는 사실은 잘 알고 있지만 다른 사람들이 난해한 책이라고 평하는데 굳이 나서서 그렇게 어려운 책이 아니라고 주장해 지금까지 공부했던 자신의 학식을 깎아내릴 필요가 없다고 생각하기 때문에.

다섯 번째, 글자 해석에 집착해 전반적인 내용을 이해하는 데는 중점을 두지 않았기 때문에.

하지만 『역경』은 결코 어려운 책이 아니다. 자연의 변화를 설명한 지극히 자연스러운 책으로 실제 우리 삶과 너무나 친근한 내용이다.

이렇게 한번 생각해 보자. 아침이 되면 태양이 떠오른다. 저녁이 되면 태양이 저물고 달이 떠오른다. 이 사실을 모르는 사람이 있을까? 『역경』을 한마디로 비유하면 바로 그런 책이다.

"아침이 되면 태양이 떠오른다. 저녁이 되면 태양이 저물고 달이 떠오른다."

단, 문제는 다음에서 출발한다. 아침이 되면 태양이 떠오르는 이유는 무엇인가? 저녁이 되면 태양이 저물고 달이 떠오르는 이유는 무엇인가? 그리고 그런 의문이 점차 확대되어 간다. 태양은 무엇인가? 우리에게 어떤 역할을 하며 자연의 이치에서 어떤 작용을 하는가? 달은 무엇인가? 왜 어두워져야만 모습을 드러내는 것인가? 태양과 동시에 나타나지 않는 이유는 무엇인가?

물론 이 정도까지는 누구나 이해할 수 있다. 이런 의문이 끝없이 퍼져나가는 데서 공부의 한계를 느끼는 것이 바로 『역경』이다. 그리고 여기서 한계를 느끼는 이유는 해답을 추구하는 데 있다.

『역경』에는 해답이 없다. 그래서 해답을 내놓지 않는다. 적당한 선, 즉 생성의 원리를 설명하는 선까지만 이치를 설명하고,

이후에는 각자의 판단에 맡긴다. 이러한 점 때문에 『역경』을 읽은 사람들은 역시 어렵다는 생각에 사로잡히고, 『역경』 자체를 어려운 책으로 판단해 버려 다른 사람들과 같은 이야기를 되뇌고 만다.

"그거, 아무나 읽는 게 아냐."

"『역경』을 이해할 정도면 신선이지."

"공자도 『역경』을 제대로 이해하지 못했다고 하잖아."

이런 식으로 추상적인 평가를 내리게 될 뿐만 아니라 그런 평가에 동조하고 마는 것이다. 하지만 아침이 되면 태양이 떠오른다는 사실을 모르는 사람이 있을까? 단, 태양이나 달 자체의 존재와 우주의 원리를 이야기할 때는 머뭇거리게 되는 경우도 있다. 그러나 우리는 기본적으로 과학을 배운 사람들이다. 태양과 달의 관계 정도는 쉽게 이해할 수 있다.

물론 태양과 달을 예로 드는 건 너무 간단해 적절한 비유가 되지 않는다고 생각하는 사람도 있을 수 있다. 그런데도 굳이 이런 식으로 비유하는 건 역경이 그만큼 간단한 원리로 이루어진 것임을 강조하려는 것이다.

현실을 살면서 우리는 그런 간단한 원리를 망각하는 경우가 종종 있다. 그렇기 때문에 『역경』에서 설명하는 원리를 어렵게 받아들이게 되고, 마치 신의 세계와 관련된 내용처럼 복잡하게 생각한다. 그저 우리의 인생이 어떻게 형성되었고(그 이전의 우주와 자연까지), 어떻게 살아야 하는지(자연의 변화에 맞추어)를 적절하게 설명하면서 그 이치를 도식화, 체계화, 기호화한 것이 『역경』이라고 생각하면 접근하기가 한결 쉬울 것이다.

여기서 중요한 점은 '『역경』이 정말 어려운가 쉬운가'가 아니라 '자연의 이치를 이해하기 위해 우리가 어떤 자세를 갖추고 있는가'이다.

태초에 남자와 여자가 있었다. 두 사람이 만났다. 밥을 먹었다. 헤어졌다. 그리고 끝!

그냥 이런 결과가 나올 수 있을까? 아무리 태초라 해도 남자와 여자가 만났다면 두 사람은 자연스럽게 육체적 관계를 맺었을 것이다. 누가 가르쳐 준 것도 아니고 그와 관련한 정보가 있었을 리도 없는데, 자연스럽게 그런 과정이 이루어지고 곧 번식으로 이어진다. 즉, 태초의 인간도 자연스럽게 음양의 이치를 이해하고 있었다는 얘기다. 이것이 '음양'이다.

바로 이런 부분에 대한 설명이 『역경』이라고 생각하면 정말 우리와 친근한 내용을 이해하기 쉽도록 설명해 놓은 책이라는 사실을 알 수 있다. 누구에게 배운 것도 아닌데 어쩐지 자연스럽게 흘러가는 현상, 그것을 설명해 놓은 것이 『역경』이다.

삼라만상(森羅萬象), 오욕칠정(五慾七情), 우주원리, 자연의 섭리……. 이 모든 것들을 바탕으로 세상의 문이 열린다. 그리고 세상이 변하는 과정을 통해 원리만으로는 살 수 없는 환경이 만들어지면서『역경』은 그런 경우에 어떻게 행동해야 좋은 가에 대해 기호를 이용, 이른바 '점술(占術)'을 구사하게 된다.

즉, 도저히 피할 수 없는 상황에서의 선택을 돕는 역할을 한다. 따라서『역경』에서는 어떤 점괘가 나오더라도 '나쁘다' '안 된다' '하지 말라' 등의 부정적인 표현은 사용하지 않는다. '나쁠 수 있으나 ~하면 된다' '~하는 것보다는 ~하는 것이 바람직하다'의 방식으로 긍정적인 해석을 내린다.

『역경』은 철학이지, 점술이 아니기 때문이다. 철학은 사람을 밝게(哲) 만들어 주는 학문(學)이다. 무(巫)와는 개념 자체가 다르다. 무당을 철학이라고 표현하는 경우는 없다.

하지만『역경』도 분명히 점술과 관련된 부분이 있는데, 어떻게 철학에 포함될까? 왜『역경』이 십삼경(역경, 서경書經, 시경詩經, 주례周禮, 예기禮記, 의례儀禮, 춘추좌씨전春秋左氏傳, 춘추공양전春秋公羊傳, 춘추곡량전春秋穀梁傳, 논어論語, 효경孝經, 이아爾雅, 맹자孟子)의 하나로 손꼽히며, 그중에서도 가장 훌륭한 경전이라고 예찬하는 것일까?

『역경』은 자연의 이치에 합당한 인간으로서의 삶이 무엇인지 그 근본을 설명해주고 있기 때문이다. 좀 더 자세히 들어가면 다소 난해한 느낌이 들 수도 있지만, 기본적으로『역경』은 우리의 삶과 가장 친근한 내용으로 이루어져 있다.『역경』자체가 어려운 것이 아니라『역경』을 읽는 사람이 어렵게 만들고 그렇게 생각하는 것이다. 단순히 생각하자.

"역은 음양에서 시작해서 음양으로 마무리 된다. 즉, 남자와 여자에서 시작해 남자와 여자로 마무리 된다."

자, 이렇게 말하면 쉽게 이해할 수 있지 않을까? 『역경』은 정말 재미있는 학문이며 자연(우주)에 관한 이야기다. 이런 생각으로 『역경』을 공부해보자. 그러면 마치 친한 친구와 대화를 나누듯 자연스럽게 이치를 깨닫게 될 것이다.

# 『역경』의 세계

## 「역경」의 구성

『역경』은 기본적으로 자연의 이치를 기호로 만들어 우주자연의 변화와 인간사회의 길흉을 살펴본 고대 중국의 점서(占筮: 서죽筮竹을 사용하는 점술)를 기록한 서적이며, 유교의 기본 교재인 십삼경의 필두로 꼽힌다.

『역경』은 다른 이름으로 '주역(周易)' 또는 '역(易)'이라고도 부르는데, 일반적으로는 '경(經)'의 부분인 '주역'에 유교적인 해석을 한 부속문언 '십익(十翼)'을 첨가한 것을 『역경』이라고 불러 '주역'과 '역경'을 구별한다.

현재 사용하고 있는 『역경』은 기본적으로 두 가지로 구성되어 있다.

① 경(經): 좁은 의미에서의 역경. 상경과 하경으로 나뉨.
② 전(傳): 경에 주석을 달고 해설하는 10부로 '역전(易伝)' 또는 '십익(十翼)'이라고도 부름.

'경'은 팔괘의 구조에 따라 형성되는 64괘의 도상(図象)과 그 의미에 관해 기술하는 괘사, 그리고 각 괘를 구성하고 있는 6개 효위(爻位)의 의미를 설명하는 384효사(건괘와 곤괘에만 있는 '용구用九'와 '용육用六'을 더할 경우에는 386효)가 정리되어 각 조항마다 수록, 상경(30괘 수록)과 하경(34괘 수록)의 두 권으로 나뉜다.

'전(십익)'은 '단전(彖伝) 상하' '계사전(繫辞伝) 상하' '문언전(文言伝)' '설괘전(說卦伝)' '서괘전(序卦伝)' '잡괘전(雑卦伝)' 등 합계 10부로 구성된다.

한편 1973년 중국 후난성 마왕퇴한묘(馬王堆漢墓)에서 발견된 『백서주역(帛書周易)』 사본에 '십익'은 없고, 부속문서는 6편(二三子問, 繫辞, 易之義, 要, 繆和, 昭力)으로 구성되어 있다.

요즘 출판되고 있는 『역경』에서는 하나의 괘에 대해 괘사(卦辭), 단(彖), 상(象), 효사(爻辭)의 순서로 각각 설명하고 있는 경우가 많아 '경' '단' '상'을 하나로 다루고 있다.

## '역경'과 '역'의 세 가지 의미

『역경』의 본래 이름은 '역' 또는 '주역'이다. 그런데 『역경』이라고 부르는 이유는 유교의 경서로 다루었기 때문이다. 즉, 다른 십삼경이 『서경』『시경』『예경』『춘추경』…… 이런 식으로 '경(經)'이라는 글자를 첨가한 것과 같은 이유다.

일반적으로 『역경』이라고 칭하는 경우, 후대의 주석서인 '전'을 제외하지 않기 때문에 '전'까지도 포함해 하나의 책으로 보는 경우가 많지만, 본래 역경은 괘, 괘사, 효사 부분의 상하 2편만을 가리킨다.

이 책의 이름이 '역'이 된 데는 다양한 설이 있다.

첫 번째는 석척설(蜥蜴說)이다. 이것은 '易'이라는 글자가 도마뱀을 나타내는 상형문자라는 데서 나왔다는 설이다. 도마뱀이 하루에도 몇 번씩 색깔을 바꾸기 때문에 그 의미를 적용해 '易'이라고 불렀다는 것이다.

두 번째는 일월설(日月說)이다. '日'은 태양, '月'은 달을 의미해 역을 음양소장(陰陽消長, 음과 양이 사라지고 나타나는 현상)과 관련된 것이라고 보는 설이다. 즉, '日'과 '月'이 합쳐진 문자로 보는 설이다.

세 번째는 자의설(字義說)이다. '易'에 내포되어 있는 변역(變易), 불역(不易), 이간(易簡 또는 簡易)의 세 가지 의미를 압축,

표현하기 위해 '易'이라고 부르게 되었다는 설이다.

'역'이라는 말이 변화를 의미하고 점술 자체에 과거, 현재, 미래의 변화를 포착한다는 의미가 포함되어 있기 때문에 변화와 관련된 것이라는 점에서는 공통된 의견을 보인다.

## 삼역설

'삼역설(三易說)'은 전통적인 유교의 사고방식으로 볼 때『주역정의(周易正義)』가 인용한 '역위건척도(易緯乾鑿度)'에서 '역은 하나의 이름에 세 가지 의미를 담고 있다'는 데서 나온 것이다. 세 가지 의미는 다음과 같다.

① 변역(變易)

우주 만물은 항상 변화하고 있으며, 인간사회도 마찬가지다. 따라서 '변역'이라고 한다.

② 불역(不易)

우주 만물이 항상 변화를 보이는 가운데 질서정연하게 순환하면서 항상 변하지 않는 법칙이 있다. 즉, 변화 속에서도 변하지 않는 것이 있는데 이것이 '불역'이다.

③ 이간(易簡, 簡易)

천지의 자연현상은 끊임없이 변화를 보여 복잡하고 난해해
보이지만, 사실은 그 변화가 매우 간단하고 이해하기 쉬운 것이
라는 의미다.

## 고대 역서의 세 가지 역

① 연산역(演算易)

연산역은 기원전 21~16세기에 해당하는 신농씨(神農氏) 시
대의 역으로, 하(夏)나라 시대의 것을 가리킨다. 지금은 자료가
남아 있지 않다.

② 귀장역(歸藏易)

기원전 16~11세기에 해당하는 황제(皇帝) 시대의 역으로,
은(殷)나라 시대의 역을 가리킨다. 이 역시 지금은 자료가 남아
있지 않다.

③ 주역(周易)

기원전 11세기~256년에 해당하는 주(周)나라 문왕(文王) 시
대의 역으로, 현재 우리가 알고 있는 주역이다.

여기서 주역의 '주(周)'에 관한 다양한 설이 있는데 일반적으로는 주나라 시대에 활용된 역이기 때문에 '주나라'를 상징하는 말이라고 하지만, 정현(鄭玄) 등은 이를 '널리, 두루두루'라는 의미로 해석하기도 했다.

## 역의 성립과 전개

일반적으로 '점서'라고 하면 역경의 내용을 바탕으로 서죽(筮竹)을 이용해 점치는 것을 가리킨다. 오랜 옛날에는 시(蓍: 비수리. 국화과 다년초)를 이용해 점을 쳤는데, 50개의 서죽을 이용해 괘와 효를 선정, 그 결과를 보고 길흉을 판단했다.

고대 중국 은나라 시대에는 귀갑(龜甲: 거북의 등껍질)을 태워 거기에 나타나는 균열의 모양(복조卜 兆)을 보고 국가적인 행사의 길흉을 점치는 '귀복(龜卜)'이 신성한 행위로 성행했다. 이러한 사실은 은허(殷墟)에서 발견된 다량의 갑골문 등을 통해 알려졌다. 서주(西周) 이후의 문자인 '시귀(蓍龜)'나 '귀책(龜策)' 등의 단어에서 볼 수 있듯 귀복과 서점이 병용된 시대가 있었다.

『춘추좌씨전』 희공(僖公) 4년의 기록을 살펴보면, 기복에서는 불길(不吉), 점서에서는 길(吉)이라는 식으로 결과가 달리 나오는 것에 관해 점술가가 "서(筮)는 단기간의 관점으로 나타나고, 복(龜卜)은 장기간의 관점으로 나타난다. 따라서 귀복을 따르는 것이 바람직하다"고 설명했다는 내용을 찾아볼 수 있다.

주나라 시대의 이상적인 관제를 그린 『주례(周礼)』춘관종백(春官宗伯)에는 대복(大卜)이라는 관리가 삼조, 삼역, 삼몽의 법을 담당했는데 삼조(三兆: 玉兆, 瓦兆, 原兆)에 관해서는 '그 경조(經兆)의 체(体)는 모두 1백20, 그 송(頌)은 모두 1천2백'이라고 했다.

후한 시대의 정현(鄭玄)은 복조가 1백20개로 분류되며 1체마다 10개씩의 요(繇)가 있었다고 해석했다. 한편, 삼역(三易: 連山, 帰蔵, 周易), 즉 점서에 관해서는 "그 경괘(經卦)는 모두 8, 그별(別)은 모두 64."라고 기록했으며 괘에는 8괘가 있고 그것을 둘씩 조합해 64괘의 괘사가 있는 '역'에 대응한 기록이라고 기술했다.

## 『역경』이라는 경전

서죽을 조작해 얻을 수 있는 기호인 괘는 6개의 '효(爻)'라고 불리는 음양기호(—, --)로 구성되어 있는데, 이것은 3효씩 상하 두 개가 겹쳐져 만들어진다. 이 3효의 조합에 의해 구성될 수 있는 8개의 기본 도상을 '팔괘(소성괘)'라고 부른다.

전설에 의하면 복희(伏羲)가 우선 팔괘를 만들고, 그 팔괘를 근거로 64괘를 만들었다고 한다. 한편 복희가 만든 팔괘에 더해 신농(神農)이 64괘를 만들었다는 설도 있다.

그 후 주나라의 문왕(文王)이 괘사를 달고 주공(周公, 문왕의 아들)이 효사를 만들었다고 하는데 효사에 관해서도 주공이 아니라 문왕이 만들었다는 설도 있다. 그리고 공자가 '전(傳)'을 써서 상구(商瞿)에게 전했고 한대(漢代) 전하(田何)에 이르렀다고 하는데, 이 역의 작성과 관련된 복희, 문왕(주공), 공자를 '삼성(三聖)'이라고 부른다(문왕과 주공을 구분하는 경우에도 부모와 자식 관계이기 때문에 한 사람으로 헤아린다).

이런 전설은 유가(儒家)에서 역을 성인이 만든 경전으로 만들어가는 과정에서 형성됐는데, 복희가 괘를 만든 내용은 『역전(易傳)』 '계사하전(繫辭下傳)'의 근거가 되었다. 그 후 '복희-신농-황제-요 임금-순 임금'으로 이어지는 성인들이 괘에 근거해 인간사회의 문명제도를 창조했다고 한다.

팔괘의 상은 다양한 사물, 사상을 나타내는데 특히 설괘전(說卦傳)에서 잘 정리했으며, 자연현상에 대응시켜 '건(乾: 하늘), 태(兌: 연못), 이(離: 불), 진(震: 우뢰), 손(巽: 바람), 감(坎: 물), 간(艮: 산), 곤(坤: 땅)'에 비유했고, 인간사회(가족구성원)에 대응시켜 '건=아버지, 태=소녀, 이=중녀, 진=장남, 손=장녀, 감=중남, 간=소남, 곤=어머니'에 비유했다.

한편 효(爻)에 있어서는 음양사상을 기본으로 'ㅡ'을 양, 'ㅡㅡ'을 음으로 보아 만물의 상반되는 성질에 관해 설명했다.

이처럼 전국시대 이후 유가에서는 음양사상과 황로사상(黃老思想)을 도입해 천지만물의 생성변화를 설명하는 『역전(易傳)』을 작성해 '역'이 경전으로 자리매김했다.

한편 팔괘의 순서로는 계사상전(繫辞上伝)의 생성론(太極-両儀-四象-八卦)에 근거한 '건태이진손감간곤(乾·兌·離·震·巽·坎·艮·坤)'과 설괘전(說卦伝)의 생성론에 근거한 '건감간진손이곤태(乾·坎·艮·震·巽·離·坤·兌)'의 두 종류가 있다.

전자를 '복희선천팔괘(伏羲先天八卦),' 후자를 '문왕후천팔괘(文王後天八卦)'라고 부르며, 전자에 근거해 팔괘를 배치한 그림을 '선천팔괘도(先天八卦図)', 후자에 근거해 팔괘를 배치한 그림을 '후천팔괘도(後天八卦図)'라고 부른다. 하지만 실제로는 11세기 북송(北宋)의 소옹(邵雍)이 집필한 『황극경세서(皇極經世書)』에 처음으로 '복희선천팔괘' '문왕후천팔괘'로 그림과 연결시켰기 때문에 선천과 관련된 그림은 소옹의 창작으로 보고 있다.

1993년 곽점일호묘(郭店一号墓)에서 죽간에 기록된 '역'이 발견됐는데, 이것이 현존하는 가장 오래된 진대(秦代)의 '역'과 관련된 사본이다.

## 십익의 구성

십익(十翼)은 단전, 상전, 계사전, 문언전, 설괘전, 서괘전, 잡괘전으로 구성되어 있으며, 각각 다음과 같은 내용을 담고 있다.

### 단전(彖傳) 상 · 하

단사(彖辭 또는 卦辭)의 뜻을 해석해 놓은 것으로 공자가 해석했다는 설이 있고, 주나라 문왕이 유리옥에 갇혀 있을 때 64괘를 풀이해 놓은 것이라는 설이 있다. 의미는 '괘에 관해 판단한 말'이라는 뜻이다.

### 상전(象傳) 상 · 하

각 괘 형상의 의미에 관한 짤막한 해설과 효사의 주석을 수록했다.

### 계사전(繫辭傳) 상 · 하

주역 경문에 관한 총론적 주석으로 팔괘의 완성과 의미, 우주론에 관한 전반적인 해설을 담고 있다. 계사상전은 체(體: 선천, 자연의 이치)에 관한 해설로 이루어져 있고, 계사하전은 용(用: 후천, 인간의 이치)에 관한 해설로 이루어져 있다.

### 문언전(文言傳)

64개 대성괘 중에서 건위천괘(乾爲天卦)와 곤위지괘(坤爲地卦)에 관한 내용만 따로 해설해 놓은 것으로, 음양의 대표적인 건괘와 곤괘의 의미를 보다 심화시켜 해설했다.

### 설괘전(說卦傳)

대성괘 64괘의 의미를 각각 해설한 것이다.

### 서괘전(序卦傳)

대성괘 64괘의 순서가 정해진 이유를 설명한 것이다.

### 잡괘전(雜卦傳)

대성괘 64개와 서로 대비되는 괘, 그리고 그 관계성에 관해 해설한 것이다.

일반적으로 '경(經)'은 도(道)와 이(理)를 가리키며, 하늘의 이치와 인간의 도리를 해명한 책을 칭한다. 즉, 신성하고 권위 있는 책이라는 뜻이다.

『역경』은 다수의 경전 중에서 최고로 손꼽히며, 중국 문명의 세계관과 방법론의 기틀을 이루는 책으로 전통적인 도덕, 정치, 문화적 권위를 상징한다. 구성은 점복(占卜) 형식을 이루고 있지만, '거대한 역은 점을 말하지 않는다'고 하여 진정한 의미는 우주 보편적 법칙의 본질을 명시하는 데 있다.

## 십익의 내용

### 단전 상·하

: 주역 상, 하경에 등장하는 각 괘사의 주석이 수록되어 있다.

### 상전 상·하

각 괘 형상의 의미에 관한 짤막한 해설과 효사에 대한 주석이 수록되어 있다. 역술가들 사이에서는 전자 부분을 '대상(大象)'으로, 후자 부분을 '효전(爻伝)'으로 구별해 호칭하는 경우도 있다.

### 문언전

64괘 중에서 가장 중요하고 기본적인 위치를 차지하는 두 괘, '건(乾)'과 '곤(坤)'에 관한 자세한 해설이 나와 있다.

### 계사전 상·하

역의 성립과 사상, 점을 치는 방법 등 역에 관한 포괄적인 설명이 수록되어 있다.

### 설괘전

대성64괘(대성괘)의 바탕이 되는 소성팔괘(소성괘)의 개념, 삼라만상을 여덟 종류의 소성괘로 분류하는 방법이 해설되어 있다.

### 서괘전

현재 사용되고 있는 '주역' 상하경에서 64괘를 배열한 이유가 설명되어 있다. 즉, 64괘의 차례를 설명하고 있다.

### 잡괘전

각 괘상을 어떻게 해석해야 좋은지 그와 관련된 힌트들이 각 괘마다 짤막하게 설명되어 있다.

## 규표와 구고현의 법칙

규표(圭表)는 전한시대(前漢時代: 기원전 206~기원후 8년)의 수학서인 『주비산경(周髀算經)』에 처음 등장하는데, 일반적으로 복희가 고안했다고 알려져 있지만 확실하지는 않으며, 개천설(蓋天說: 하늘이 덮여 있다는 설)을 이론적 근거로 삼고 있다.

『주비산경』은 은왕조를 멸망시킨 주나라 문왕의 아들이며 주나라 왕조(기원전 11세기~기원전 256년)를 창시한 무왕의 동생

주공(周公)이 은왕조로부터 계승했다고 알려져 있기 때문에 '주비(周髀)'라고 부른다. 원래 '周'는 주나라, '髀'는 '허벅지'라는 뜻이지만 여기서는 '규표'를 가리킨다. 즉, '주나라에서 계승 발전시킨 규표'라는 뜻이다.

마당에 막대를 세워놓고 그림자를 살펴보면 하지와 동지 때 그림자의 길이에 차이가 있다는 사실을 알 수 있다. 사실 그림자의 길이는 하루 사이에도 많은 변화가 있다. 이런 변화가 '역(易, 변화)'이며, 그 때문에 역은 규표의 상(象)이라고 본다.

규표야말로 천지 운행의 법칙과 의의를 그대로 나타내고 있는 것이며, 하루 또는 1년이 지났을 때 다시 원위치로 돌아오는 그림자의 길이는 "만물이 극에 이르면 반드시 되돌아간다"는

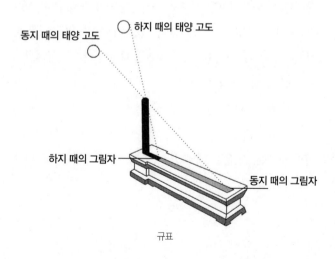

규표

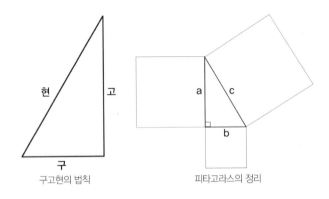

구고현의 법칙　　　　　　　　피타고라스의 정리

역의 이치를 뒷받침한다. 여기에서 그림자의 길이를 '규(圭)'라 하고 막대를 '표(表)'라 한다.

한편 규표는 그림자의 길이를 구(句), 막대를 고(股), 막대의 윗부분 끝과 그림자의 끝부분을 연결하는 빗변을 현(弦)이라고 부르는데, 이렇게 세 개의 선을 연결하면 직각삼각형이 만들어진다. 이것이 '피타고라스의 정리'보다 5백 년이나 앞선다는 '구고현(句股弦)의 법칙'이다.

규표에서 고(막대)의 길이는 일반적으로 8자(또는 8자의 배수)를 사용했으며, 『주비산경』에는 옛 사람들이 규표를 이용해 방위와 사계절, 24절기, 태양년의 길이를 정한 방법이 정확하게 기록되어 있다.

## 동서남북의 확정과 24절기의 구분

기본적으로 동서남북은 일출과 일몰을 기준으로 동쪽과 서쪽을, 정오의 가장 짧은 그림자를 이용해 남쪽을, 북극성을 이용해 북쪽을 확인했고, 이렇게 사방을 확정지은 후에 이를 기준으로 24절기를 정했다.

규표를 이용하는 방법 중에 간단한 것을 소개하면 동쪽과 서쪽을 구분하는 방법이 있다.

### 동서를 구분하는 방법

1. 오전 아무 때나 막대의 그림자 길이를 측정하고, 끝부분에 점(a)을 표시해 둔다.

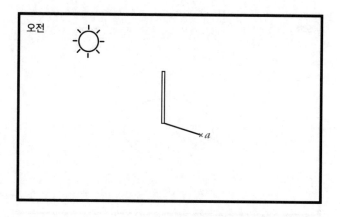

2. 막대가 박혀있는 부분을 중심으로 a점을 지나는 원을 그린다.

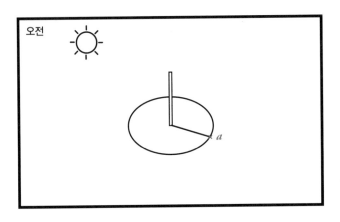

3. 오후에 그림자의 끝이 이 원주와 일치하는 점을 b로 잡는다.

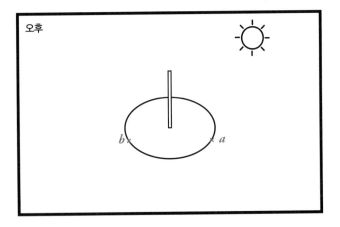

4. a와 b를 연결하면 정확하게 동쪽과 서쪽이 정해진다. 막대의 그림자가 가장 짧은 날을 '하지'로 잡고, 막대의 그림자가 가장 긴 날을 '동지'로 잡는다.

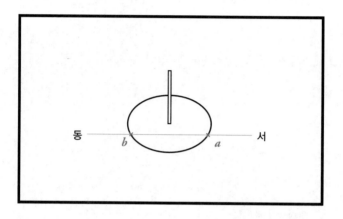

# 하늘의 원리와 용마하도

## 개천설과 혼천설

『주비산경』은 기본적으로 개천설(蓋天說)을 바탕으로 쓰인 것이라고 설명했다. 개천설은 무엇일까? 간단히 설명하면, 하늘은 덮개처럼 둥글고 땅은 바둑판처럼 사각형으로 이루어져 있다는 설이다.

개천설은 다른 말로 천원지방설(天圓地方說: 하늘은 둥글고 땅은 사각형이라는 의미) 또는 방지구설(方地球說: 지구는 사각형이라는 의미)이라고 표현하기도 하며, 1차 개천설과 2차 개천설로 나뉜다.

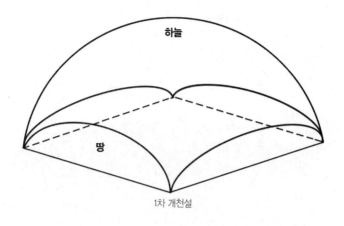

1차 개천설

1차 개천설은 천지는 모두 평면이며 하늘은 원 모양이고 땅은 정사각형이라는 설이다. 하늘은 북극을 중심으로 회전하며, 태양은 계절에 따라 다른 반경(半徑)을 가지고 원운동을 한다고 보았다.

제2차 개천설은 천지는 모두 곡면이며 북극 부분에 해당하는 곳이 높아져 전체적으로 삿갓과 같은 모양이라고 보았다.

한편 혼천설(渾天說)은 다른 말로 원지구설(圓地球說: 지구는 둥글다는 설)이라고도 표현하는데, 이 역시 고대 중국 천문학의 우주구조이론 중 하나다. 혼천설에서 하늘은 달걀껍질 같은 구(球) 모양으로 이루어져 있으며, 땅은 달걀노른자처럼 그 안에 위치해 하늘은 크고 땅은 작다는 식으로 보았다.

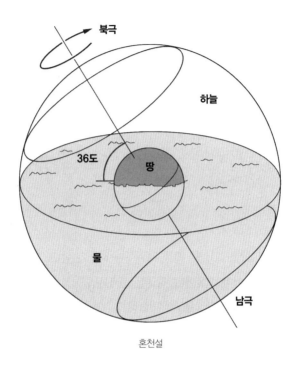

혼천설

　하늘의 표면과 안쪽 면에는 물이 존재하고 하늘과 땅은 기(氣)에 의해 제자리를 지키고 있으며 물을 타고 운행한다. 또 하늘의 절반은 땅 위를 덮고 있고 나머지 절반은 땅 아래를 감싸고 있다고 보았는데, 그래서 이십팔수(二十八宿)는 절반은 보이고 절반은 가려 보이지 않는다고 주장했다.

　하늘의 끝부분에는 남극과 북극이 있으며 하늘은 그것들을 축으로 삼아 수레바퀴처럼 빙글빙글 회전하는 것이고, 천체는 이 하늘을 따라 일주운동(日周運動)을 한다고 보았는데 이것이 나중에 천체를 관측하는 관측기 혼천의(渾天儀)를 낳는 토대로 작용한다.

개천설과 혼천설 이외에도 선야설(宣夜說), 궁천설(穹天說), 안천설(安天說), 흔천설(昕天說) 등의 이론이 있었다.

## 북두칠성과 사계절

규표를 이용해 하지와 동지를 구분하고, 그 중간 부분에 해당하는 춘분과 추분을 구분해 이분이지(二分二至: 춘분, 추분, 동지, 하지)를 확정짓는다.

한편, 북두칠성을 이용해 사계절을 구분하는 방법도 있다. 이것은 북두칠성의 손잡이에 해당하는 별 세 개의 끝 부분이 어느 쪽을 가리키는지를 살펴 사계절을 확정하는 방법이었다.

북두칠성의 손잡이에 해당하는 세 개의 별을 '두병(斗柄: 여기서 柄은 '손잡이'의 의미)'이라고 부르는데, 이 두병이 동쪽을 가리키면 봄, 남쪽을 가리키면 여름, 서쪽을 가리키면 가을, 북쪽을 가리키면 겨울이다.

봄이 가면 여름이 오고, 여름이 가면 가을이 오고, 가을이 가면 겨울이 온다. 그러나 겨울이 가면 다시 봄이 찾아온다. 즉, '간다'는 것은 한번 가버리면 두 번 다시 돌아오지 않는다는 의

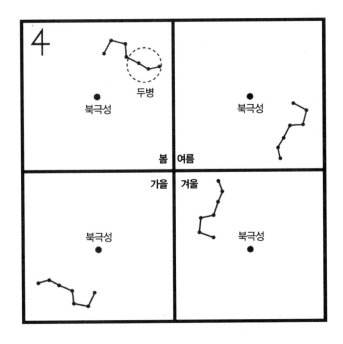

미가 아니라 잠시 활기를 잃는다는 의미이며, '온다'는 것 역시 영원히 존재한다는 의미가 아니라 잠시 활기가 차있다는 의미가 된다.

이런 '감'과 '옴'의 순환과정 안에서 음과 양이 상호반응 하면서 동(動)과 정(靜)의 변화가 발생하고, 만물이 번영 또는 쇠퇴한다. 이것이 우주의 변화이며 역이다.

## 무극과 태극

이 세상에 아무 것도 존재하지 않는 상태. 아니, '이 세상'이라는 말 자체도 존재하지 않는 상태. 말 그대로 아무 것도 존재하지 않는 상태가 '무극(無極)'이다. 무극에는 개념조차 존재하지 않는다. 단지 발전만이 기다리고 있을 뿐, 후퇴나 퇴화도 없다.

이것은 '공(空)'과 같다. 아니다. 공 역시 색(色)과 대비되는 개념이기 때문에 아직은 공도 아니다. 그저 '무(無)'라고만 표현할 수 있을 뿐이다. 그래서 무극이다. 여기에서의 '무'는 어떤 대상을 놓고 이야기할 때 반대되는 개념에서의 '무'와는 근본적으로 다르다.

예를 들어, 'A가 죽었다'고 해서 '무'로 돌아갔다고 표현할 때의 '무'는 A라는 대상을 두고 하는 말이다. 하지만 무극에서의

무극

'무'는 그런 대상 자체가 존재하지 않는다. '비어있다'는 표현도 어울리지 않는다. 비어있다는 것 역시 '채워져 있다'는 것의 반대 개념이기 때문이다. 그냥 '아무 것도 없는 것'이 무다.

그것이 서서히 깨어나기 시작한다. 어떤 존재가 현실적으로 모습을 드러내면 그것은 절대로 편(偏, 치우침)이 될 수 없다. 즉, 한쪽으로만 치우칠 수 없다는 의미다. 따라서 음으로 또는 양으로 어느 한쪽의 모습을 상상하면 안 된다. 존재가 현실적으로 드러날 때는 반드시 그 모든 것들을 포함한 상태에서 출발한다.

무극에서 서서히 탄생을 준비하는 단계, 그것이 '태극(太極)'이다. 하지만 이 역시 아직은 분열되지 않았다. 그저 하나로 뭉뚱그려진 상태에서, 어지러운 혼돈 속에서 탄생과 창조, 시작을 준비하고 있을 뿐이다.

태극은 이 세상에 존재하게 될 모든 원자와 분자, 소립자, 광

태극

물, 생물 등의 씨앗이 잉태되어 있는 상태다. 태극은 '카오스(혼돈)'다. 끊임없이 어우러지고 뒤틀리고 소용돌이치면서 세상을 창조하기 위해 몸부림치는 포화 상태. 태극이 더 이상의 포화 상태를 견디지 못하고 용트림 하듯 거대한 포효를 시작한다. 그리고 거대한 폭발이 일어난다. 바로 '빛'의 탄생, '양(陽)'의 포효다.

## 음양의 탄생

흔히 '양(陽)이 동(動)해야 음(陰)이 정(靜)으로 응(應)한다'고 한다. 우주론에서의 빅뱅이론을 생각해 보자. 우주는 거대한 폭발에 의해 탄생했다고 한다. 동양의 우주론에서는 양이 발생하면서 음이 그에 동화, 음과 양이 형성됐다고 설명한다. 이 부분에서 잠깐, 양이 발생해서 음이 동화했다는 부분에 대해 다시 생각해 보자.

양이 발생했다. 음이 동화했다. 그렇다면 음이 이미 존재하고 있어야 가능한 일이다. 양은 움직임(動)이고 음은 고요함(靜)이라는 점을 생각할 때, 음은 스스로 움직이지 않았을 뿐 양이 움직이기를 기다리고 있었다는 의미로 볼 수 있다. 이렇게 보아야 음양을 바르게 이해할 수 있다.

즉, 양이 먼저가 아니라 음이 먼저라는 사실이다. 단, 음은 양이 움직이지 않으면 자신이 음이라는 사실조차 알 수 없다. 양이 움직여야 비로소 음으로써의 역할을 할 수 있다. 그렇기 때문에 음양이론에서 음은 '어둠' '고요함' '정적' '차가움' 등으로 표현되고, 양은 '밝음' '활발' '활동' '따뜻함'으로 표현된다.

음이 자신의 존재를 인식하지 못하고 양이 아직 활동을 하지 않은 상태, 즉 음양이 따로 분리되지 않은 상태가 '태극'이다. 태극은 우주 탄생 이전에 모든 것이 하나로 응집되어 있는 상태이며, 음양이 발생하기 전의 단세포적 존재로 볼 수 있다.

음과 양이 탄생하는 과정에 의해 우주가 형성되었고, 소우주인 인간 역시 단세포에서 음과 양으로 구분된 하나의 종으로 발전하는 단계가 되어 비로소 인간으로서의 가치를 제대로 갖출 수 있게 된 것이다.

역설적으로 하나의 몸에 음양을 모두 갖춘 것이 더 완성된 생명체가 아닐까? 즉, 태극이 더 완성된 개체가 아닐까?

여기에서 음양이론의 중요한 부분 하나가 떠오른다. 인간은 '나'를 위해서만 존재해서는 가치가 없다는 점이다. 즉, 태극 상태에서는 1인칭을 제외한 그 어느 것도 존재하지 않기 때문에 '삶'의 의미가 옅을 수밖에 없다. 그러나 음양으로 구분되는 경우 인간은 '너'라는 2인칭을 부여하게 되고, 그 2인칭을 추구하는 '삶의 의욕'을 느끼게 된다.

우주 역시 마찬가지다. 단, 이 역시 순환관계, 즉 '역'의 영역을 벗어날 수 없다.

우주론에서 우주의 죽음은 하나로 응집되는 형태로 끝난다고 한다. 즉, 태극으로 돌아가는 것이다. 그것이 끝이 아니라 다시 빅뱅의 형식이 이루어지고, 이 역시 죽음(하나로 응집)으로 달린다는 것이 우주론의 설이다. 인간 또한 그렇다.

이야기가 다소 길어졌다. 이 부분은 나중에 다시 설명하기로 하자.

## 음양이기와 이분이지

하지와 동지가 황도(黃道)를 이등분해 '1이 나뉘어 2가 되는' 음양의 도가 형성되고, 그와 동시에 음양의 이기(二氣, 음기와 양기)에도 모양이 발생했다. 즉, 양기인 '—'와 음기인 '--'이다.

이지음양도(二至陰陽圖) — 음양이기의 탄생

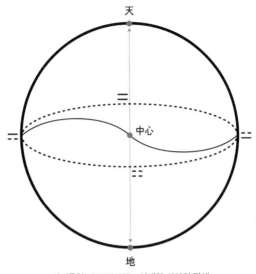

사시음양도(四時陰陽圖) —사계와 사상의 탄생

　또 춘분과 추분이 낮과 밤을 거의 이등분하기 때문에 춘분점과 추분점을 경계로 하면 주천(周天)은 상하로도 이등분된다. 이렇게 해서 춘분과 추분을 연결하는 선과 하지와 동지를 연결하는 선이 각각 천구(天球)를 이등분해 네 개씩 분리, 사계를 형성한다.

　이렇게 놓으면 사방이 나누어지고, 그 사방을 관장하는 대지를 상징하는 중심이 형성된다. 중심은 대지뿐만 아니라 하늘도 상징하기 때문에 보다 정확하게 표현하면 구(球) 모양으로 설명해야 하지만, 일단 사방과 중심의 형성만 이해해 두자.

## 사상과 오행의 탄생

사계절, 이른바 춘하추동도 음양을 바탕으로 생각해 보자. 다음의 그림을 보면, 양의 정점(極陽)에 해당하는 부분을 하지(夏至), 음의 정점(極陰)에 해당하는 부분을 동지(冬至)로 잡고 그 좌우의 중심점을 춘분(小陽)과 추분(小陰)으로 나누었다. 이렇게 해서 춘하추동의 변천이 자연스럽게 돌아간다는 사실을 이해할 수 있다. 옛 사람은 이 춘하추동의 변화 현상을 통해 '오행(五行)'을 생각해냈다.

태음은 추위(寒), 겨울(冬), 북쪽(北)을 상징하며 겨울의 얼음

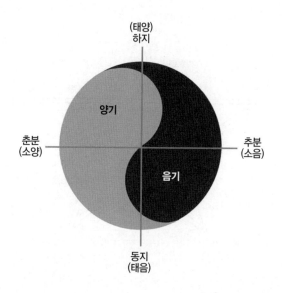

보다 차가운 것은 없기 때문에 오행에서는 수(水)로 본다.

소양은 따뜻함(暖), 봄(春), 동쪽(東)을 상징하며 봄에는 만물의 싹이 돋기 때문에 오행에서는 목(木)으로 본다.

태양은 무더위(暑), 여름(夏), 남쪽(南)을 상징하며 여름에는 태양이 가장 뜨겁기 때문에 오행에서는 화(火)로 본다.

소음은 시원함(涼), 가을(秋), 서쪽(西)을 상징하며 가을에는 초목이 시들고 스산한 바윗덩이만 존재하기 때문에 오행에서는 금(金)으로 본다.

그리고 모든 존재는 흙에서 탄생하고 거두어지기 때문에 각

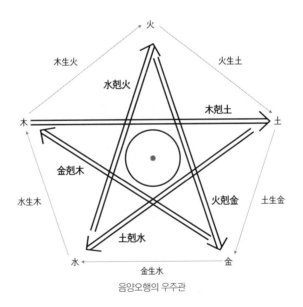

음양오행의 우주관

계절이 변할 때마다 18일씩 토(土)가 관장한다고 해석해 '토용(土用)'이라는 이름을 붙이고, 사기(四気)를 연결하는 중앙 부분을 토(土)로 삼아야 한다는 관점에서 중앙을 토로 설정해 목, 화, 금, 수와 더불어 토를 병합하는 이른바 '오행관'이 탄생했다. 이것이 음양, 사상(四象), 오행의 탄생 배경이다.

## 용마하도의 출현

'하도낙서(河圖洛書)'라는 말을 들어보았을 것이다. 용마의 몸에 새겨져 있는 그림을 '하도'라 하고, 거북의 등에 새겨져 있는 그림을 '낙서'라 한다. 여기에서 하도의 '도'와 낙서의 '서'를 따서 문자나 그림을 기록하는 대상을 '도서(圖書)'라 부르게 되었다. 우선 하도, 즉 '용마하도(龍馬河圖)'부터 알아보자.

복희가 천하에 군림하고 있을 때 하늘의 변화와 자연의 현상 등을 관찰해 사계절과 1년의 개념을 만들었다. 그는 자연현상을 관찰하면서 그 배후에 존재하는 보다 본질적이고 보편적인 우주의 진리를 알고 싶었다.

그러던 어느 날, 복희가 황하 중류에서 하늘을 바라보며 우주의 변화와 자연의 섭리에 관한 근원적인 이치를 생각하고 있는데, 하늘에서 등에 무늬가 새겨진 용마(龍馬)가 나타났다. 그 자리에 있던 복희는 즉시 용마의 등에 새겨져 있는 그림을 옮

겨 적었다(물론 당시에는 땅에 표시했을 것이다). 그리고 그림을 자세히 들여다보니 지금까지 자신이 우주와 자연에 관해 연구한 내용과 거의 일치한다는 사실을 깨달았다. 이것이 바로 '하도(河図)'라는 그림이다. 복희는 이 하도를 바탕으로 마침내 선천 팔괘(先天八卦)를 얻게 된다.

하도에는 오행의 1에서 5까지의 사물의 발생을 상징하는 생수(生數: 만물을 낳는 수)와 사물의 형성을 상징하는 6에서 10까지의 성수(成數: 만물을 이루는 수)가 나타나 있다. 이 모든 수를

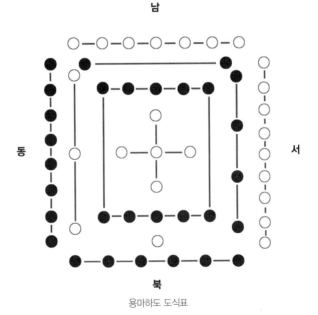

용마하도 도식표

더하면 천수(天數, 自然數) 55를 이루는 우주의 모식도가 탄생한다.

'음양이기와 이분이지'에서 복희가 규표를 이용해 사계절을 나눈 방법을 알아본 바 있다. 복희가 생각했던 내용과 하도의 그림은 정확히 일치했다.

## 용마하도와 사상

이것을 음양과 사계절, 동서남북, 사상(四象)으로 다시 정리해보자.

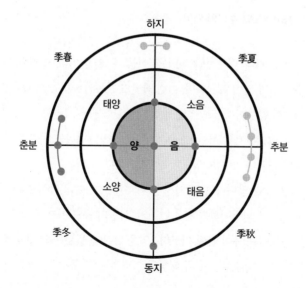

여기서 왼쪽이 양에 해당하는 부분이고, 오른쪽이 음에 해당하는 부분이다. 즉, 양은 동지에서 시작해 동지에서 춘분까지를 '소양'이라 하고, 춘분에서 하지까지를 '태양'이라 하며, 음은 하지에서 시작해 하지에서 추분까지를 '소음', 추분에서 동지까지를 '태음'이라고 한다. 여기서 '태(太)'는 많다는 의미로, 태양은 '노양(老陽)'으로도 표현하고 태음은 '노음(老陰)'으로도 표현한다. '소(少)'는 적다는 의미다.

이 사상을 동지에서부터 살펴보면 소양-태양-소음-태음으로 순환된다. 즉, 끊임없이 반복되는 자연현상을 의미하는 것이다.

## 용마하도와 수리의 의미

음과 양의 대표적인 의미는 '어둠'과 '밝음'이다. 이것은 하루의 낮과 밤에 해당하며, 이런 밤낮의 반복이 1년 동안 되풀이되면서 이분이지(춘분, 추분, 하지, 동지)로 나뉜다. 그리고 각 계절은 소양(봄), 태양(여름), 소음(가을), 태음(겨울)이라는 사계절 음양의 대소를 나타내며 사상으로 발전한다.

즉, 음과 양이라는 두 가지 기운(이기, 二氣)이 반복적으로 많고 적음을 되풀이하는 것을 가리켜 '사상의 순환'이라고 한다.

동지에는 음이 극에 이르러 1양을 낳는다. 달로는 11월에 해당하며 오행에서는 수에 해당하고 방위는 북쪽이다. 1양을 낳기 때문에 생수는 1이 된다(양은 홀수).

하지에는 양이 극에 이르러 2음을 낳는다. 달로는 5월에 해당하며 오행에서는 화에 해당하고 방위는 남쪽이다. 2음을 낳기 때문에 생수는 2가 된다(음은 짝수).

춘분에는 양이 활발하게 활동해 만물을 발생시키기 때문에 3양을 낳는다. 달로는 2월이며 오행에서는 목에 해당하고 방위는 동쪽이다. 3양을 낳기 때문에 생수는 3이 된다(양, 홀수).

추분에는 음이 증가하면서 만물이 제 모습을 잃는다. 따라서 수렴 기능을 갖춘 계절인 가을에 해당하며 4음을 낳는다. 달로는 8월이고 오행에서는 금에 해당하며 방위는 서쪽이다. 4음을 낳기 때문에 생수는 4가 된다(음, 짝수).

이렇게 해서 사계절과 사방의 기(氣. 四氣)가 모두 갖추어진

| 봄 | 1, 2, 3월.<br>3월의 마지막 18일을 중앙의 토가 관장. |
|----|----|
| 여름 | 4, 5, 6월.<br>6월의 마지막 18일을 중앙의 토가 관장. |
| 가을 | 7, 8, 9월.<br>9월의 마지막 18일을 중앙의 토가 관장. |
| 겨울 | 10, 11, 12월.<br>12월의 마지막 18일을 중앙의 토가 관장. |

다. 한편 대지는 모든 만물을 낳을 뿐 아니라 그들의 활동도 관장하는 주체에 해당하면서 수렴 기능도 갖추고 있기 때문에 각 계절의 마지막 달 18일씩을 중앙의 기운, 즉 오행의 토로 보며 생수는 1, 2, 3, 4를 모두 아우르는 5가 된다.

중앙의 생수가 5가 되는 이유로 봄이 사계절의 시작이며 3월이 5양의 달에 해당함을 들기도 한다. 중앙은 사방을 관장한다는 이유에서 '장하(長夏)'로 표현하기도 한다.

## 생수와 성수

이렇게 해서 생수(生數) 1, 2, 3, 4, 5가 탄생했다. 여기에서 양의 수는 1, 3, 5, 음의 수는 2, 4가 된다.

이렇게 완성된 각 생수에 사방을 낳고 관장하는 중앙의 수 5를 더하면 6, 7, 8, 9, 10이 만들어지는데, 이를 '성수(成數)'라 한다. 생수는 만물을 낳는 수이고, 성수는 만물을 완성시키는 수다. 생수와 성수에 관해서는 뒤에서 다시 알아보기로 하자.

## 삼음삼양과 육음육양

삼음삼양(三陰三陽)은 상한론에서 질병의 형태를 분류하는 기본적인 방법으로 삼양은 태양(太陽), 소양(少陽), 양명(陽明)

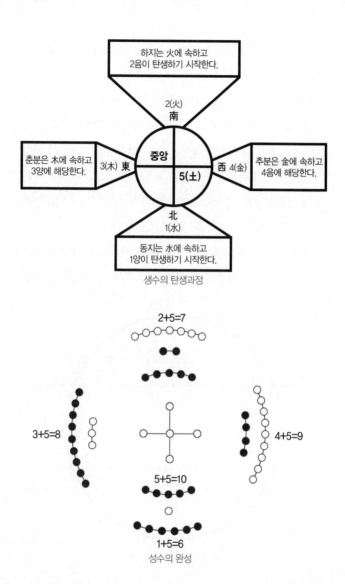

하지는 火에 속하고
2음이 탄생하기 시작한다.

2(火)
南

춘분은 木에 속하고
3양에 해당한다.

중앙

3(木) 東

5(土)

西 4(金)

추분은 金에 속하고
4음에 해당한다.

北
1(水)

동지는 水에 속하고
1양이 탄생하기 시작한다.

생수의 탄생과정

2+5=7

3+5=8

4+5=9

5+5=10

1+5=6

성수의 완성

을 가리키며, 삼음은 태음(太陰), 소음(少陰), 궐음(厥陰)을 가리킨다.

각각 구체적인 증상과 징후에 근거해 정의를 내리는데, 예를 들어 '태양의 질병은 맥이 뜨고 두통이나 목덜미의 통증이 느껴지며 오한이 나는 상태'라는 식이다. 삼음삼양의 흐름과 구성은 다음 그림과 같다.

이 삼음삼양을 기조로 삼아 육음육양(六陰六陽)이 이루어지는데 육음육양은 24절기를 바탕으로 구분된다.

양은 11월 동지의 일양(一陽)에서 시작해 4월 육양(六陽)에서 끝나고, 음은 5월 하지의 일음(一陰)에서 시작해 10월 육음

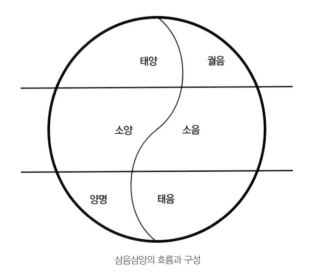

삼음삼양의 흐름과 구성

(六陰)에서 끝나는데, 한 달에 절기가 두 번씩 들어가기 때문에 육양은 6×2=12, 육음도 6×2=12가 되어 합이 24절기가 된다.

1양의 출발점을 11월 동지로 잡기 때문에 십이지(十二支)에서의 출발점인 子를 11월로 잡는 것이다. 이것이 24절기, 육음 육양, 십이지를 구성하는 기본원칙이다.

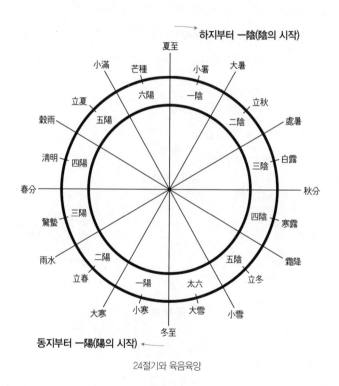

24절기와 육음육양

## 용마하도의 수리와 오행의 관계

용마하도의 수리를 바탕으로 오행과의 관계를 알아보자. 앞에서 오행은 '목·화·토·금·수' 다섯 가지를 가리킨다고 했다. 각각의 오행은 동서남북의 방위와 중앙을 가리키며 각 오행을 대표하는 숫자가 있는데, 이것은 용마하도에서 따온 것이다.

각각의 오행은 생수와 성수로 구성된다.

수(水)의 생수는 일양(一陽)이며, 24절기에서는 동지에 해당

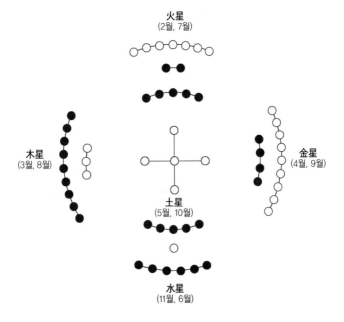

火星
(2월, 7월)

木星
(3월, 8월)

金星
(4월, 9월)

土星
(5월, 10월)

水星
(11월, 6월)

하고 방향은 북을 가리킨다. 11월의 동지에는 남극(南極)에 음이 사라지고 양이 처음 시작되는데, 북쪽은 차가운 기를 나타내기 때문에 수에 속하며 음이 극에 이르러 양을 발생시켜 일양이 처음 나타나기 때문에 일양을 수의 생수로 삼는다.

화(火)의 생수는 이음(二陰)이며, 24절기에서는 하지에 해당하고 방향은 남을 가리킨다. 5월의 하지에는 북극(北極)에 양이 사라지고 음이 처음 시작되는데, 남쪽은 더운 기를 나타내기 때문에 화에 속하며 양이 극에 이르러 음을 발생시켜 일음(一陰)이 처음 나타나기 때문에 이음을 화의 생수로 삼는다.

목(木)의 생수는 삼양(三陽)이며, 24절기에서는 춘분에 해당하고 방향은 동을 가리킨다. 동지 이후에는 양기(陽氣)가 점차 진행되면서 2월이 되면 정월에 발생한 만물이 활발하게 활동하기 시작해 태양이 떠오르는 동쪽과 목을 상징하기 때문에 삼양은 목의 생수로 삼는다.

금(金)의 생수는 사음(四陰)이며, 24절기에서는 추분에 해당하고 방향은 서를 가리킨다. 하지 이후에는 음기(陰氣)가 점차 진행되면서 8월을 지나면 만물이 수장되어 해가 지는 서쪽과 수확의 기능을 갖추고 있는 금을 상징하기 때문에 사음은 금의 생수가 된다.

대지는 만물을 낳고 보듬을 뿐만 아니라 지휘도 하는데 사계절의 마지막 시기에 변화가 가장 심하다. 따라서 계춘(季春,

3월), 계하(季夏, 6월), 계추(季秋, 9월), 계동(季冬, 12월)의 마지막 18일씩을 토(土)로 삼는다. 또 사계절의 시작은 봄이고 3월이 오양(五陽)의 달이기 때문에 5를 토의 생수로 삼고, 중앙에서 사방을 총괄한다 하여 '장하(長夏)'라 부른다.

이 때문에 명리학에서는 토에 해당하는 진술축미(辰戌丑未)를 방합(方合, 방위의 합)에 포함시켜 토의 기운과 함께 각각의 방위에 해당하는 목, 화, 금, 수의 기운도 포함하고 있다고 판단한다.

이것이 하도에 나타난 숫자의 순환원리이며, 이렇게 형성된 1, 2, 3, 4, 5를 생수라 부른다. 6, 7, 8, 9, 10의 성수는 목화금수의 생수에 각각 중앙의 5를 첨가한 것이며, 토 자신의 생수인 5에 다시 중앙의 5를 더하면 성수 10이 된다. 즉, 토가 생수 5를 기준으로 만물을 발생시킨 이후에 다시 성수 10으로 마무리한다는 이치로 자연의 순환과정을 설명한다.

하도의 이런 수리적 의미와 오행의 관계를 현실세계에 접목시키면 놀라운 사실을 확인할 수 있다.

수성(水星)은 11월과 6월 황혼에 북쪽에서 볼 수 있다. 하도에서 오행의 수에 해당하는 동지 부분의 숫자는 1과 6이다.

목성(木星)은 3월과 8월 황혼에 동쪽에서 볼 수 있다. 하도에서 오행의 목에 해당하는 춘분 부분의 숫자는 3과 8이다.

화성(火星)은 2월과 7월 황혼에 남쪽에서 볼 수 있다. 하도에서 오행의 화에 해당하는 하지 부분의 숫자는 2와 7이다.

토성(土星)은 5월과 10월 황혼에 천중(天中)에서 볼 수 있다. 하도에서 오행의 토에 해당하는 중앙 부분의 숫자는 5와 10이다.

금성(金星)은 4월과 9월 황혼에 서쪽에서 볼 수 있다. 하도에서 오행의 금에 해당하는 추분 부분의 숫자는 4와 9이다.

이렇게 보면, 각 오행(사방)에 나타나 있는 하도의 숫자는 1과 6, 2와 7, 3과 8, 4와 9, 5와 10으로 모두 음과 양의 조합으로 이루어져 있음을 알 수 있다.

## 천수와 대연의 수

하도의 숫자를 모두 더하면 천수(天數) '55'라는 우주의 모식도가 탄생하면서 일정한 시간, 공간, 방위, 물질을 완벽하게 갖춘 모습을 보여준다.

여기에서 양수와 음수를 구분해 보면, 양수의 합은 1+3+5+7+9=25이고, 음수의 합은 2+4+6+8+10=30이라는 결과가 나온다. 이렇게 음의 수와 양의 수를 합해 나온 55라는 수를 천수, 즉 하늘이 내린 숫자라고 본다.

한편 하도의 중앙 부분에 해당하는 5와 10은 생수와 성수로 구분되더라도 결국 10이라는 범위 안에 5가 포함되어 있는 것이기 때문에 전체적인 완성수는 10으로 볼 수 있다.

다른 방법으로 설명하면, 각각의 생수인 1, 2, 3, 4를 총괄하는 수가 5인데 성수인 6, 7, 8, 9를 총괄하는 수가 10이라면 5와 10은 둘 다 완성수에 해당하며, 5는 결국 10에 포함된다는 의미다.

따라서 생수에 해당하는 완성수 5를 제외해도 결국 10으로 모두 뭉뚱그릴 수 있다는 의미에서 5를 제외하는 것이 타당하다고 보았다.

그 결과, 하도의 수 55에서 생수인 5를 제외해 50이 남는데, 이 50이라는 수는 옛 사람이 장대를 세워 그림자의 길이를 보고 작물의 재배시기를 정할 때 발견한 구, 고, 현의 제곱의 합과 일치한다. 즉, $3^2+4^2+5^2=50$과 같다는 의미다. 이 50이라는 숫자는 천지와 사방의 이치를 포괄하고 있다는 이유에서 '대연의 수'로 사용된다. 이것은 서양의 피타고라스의 정리보다 5백여 년 앞선 동양의 문명이다.

'대연(大衍)'이라는 단어에서 '대(大)'는 우주의 지극(至極)함을, '연(衍)'은 연산(演算)을 가리킨다. 옛 사람들은 이 숫자가 우주공간 변화운행의 다양한 정보를 나타내고 있기 때문에 사물의 변화를 파악하려면 이 숫자를 근거로 삼아야 한다고 보았다.

# 태극과 신구낙서

## 규표와 24절기, 태극의 완성

여러분도 태극(太極) 문양은 잘 알고 있을 것이다. 원래의 태극과 곡선의 방향이 다르긴 하지만, 우리나라 국기에도 태극 문양이 들어간다. 태극은 어디에 근거해서 만들어졌을까?

앞서 원시시대에 규표를 이용해 그림자를 관찰하고, 동지와 하지, 춘분과 추분 등을 구분했으며 이를 근거로 음양과 사상 등이 탄생했다고 설명했다. 하지만 아직 끝난 것이 아니다. 사방을 구분한 뒤 이를 더욱 세분화시킨 것이 24절기의 탄생이다.

땅에 막대를 세워놓고(규표), 그림자를 한 달에 두 번(각 절기마다) 측정하면 그림자의 길이와 방향이 약간씩 차이를 보이게 된다. 이것을 하루의 낮에 해당하는 6시간, 즉 여섯 칸으로 나누어 기록한다(지금은 낮이 12시간이지만, 과거에는 2시간을 1시간으로 보았기 때문에 6시간이었다). 이 부분은 십이지를 이용한 시간 분류로 이해할 수 있다. 그림을 보면서 다시 설명해 보자.

1. 막대를 중심으로 하지의 가장 짧은 그림자와 동지의 가장 긴 그림자를 기준으로 원을 그린다.

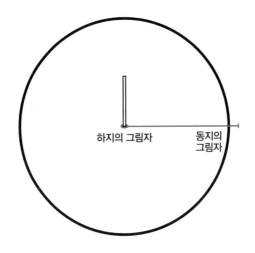

2. 동지와 하지로 구분해 위아래를 나눈다. 이렇게 하면 음양 (陰陽)이 탄생한다.

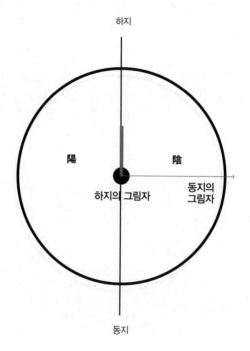

하지

陽                    陰

하지의 그림자          동지의
                      그림자

동지

3. 다시 춘분과 추분을 구분해 좌우를 나눈다. 이렇게 하면 사상(四象)이 탄생한다.

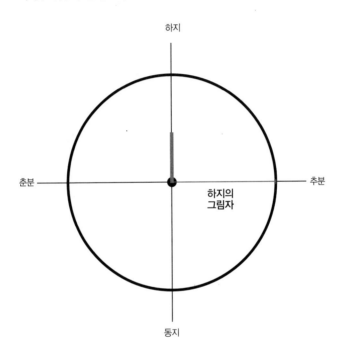

하지

춘분

추분

하지의
그림자

동지

4. 여기에서 네 개로 나누어진 각각의 각을 다시 중심선을 정하고 둘로 나눈다. 이렇게 하면 앞에 '입(立)'이 붙는 각 절기의 시작이 구분된다. 그리고 팔상(八象)이 탄생한다.

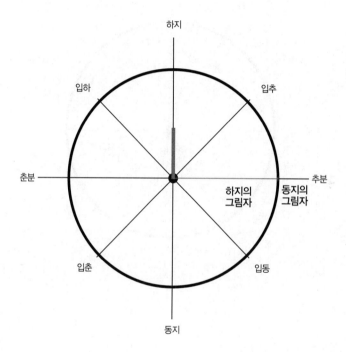

5. 이것을 다시 각각 세 칸으로 나누면, 각 칸이 15일로 이루어진다. 즉, 보름이다. 이것은 달이 차고 기우는 기간과 일치한다.

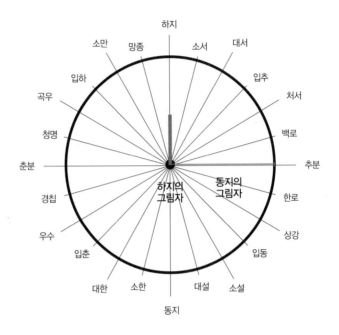

6. 이제 원의 바깥쪽에서 안쪽으로 동일한 거리만큼 여섯 칸
으로 나눈다(하루 12시간 중에서 낮은 6시간).

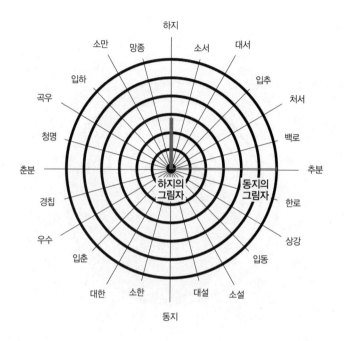

7. 보름마다 규표의 그림자 길이를 표시하고, 각 그림자의 길이가 표시된 부분을 선으로 연결하면 다음과 같은 그림이 완성된다.

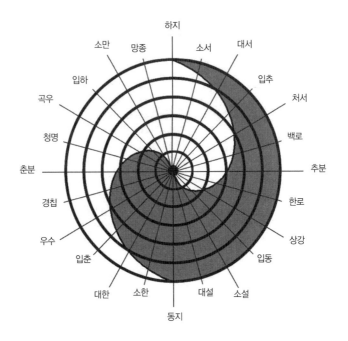

이것이 이른바 '원시천문도(原始天文圖)' 또는 '원시태극복원도(原始太極復元圖)'라 불리는 그림이다. 이 그림은 전합록(田合祿)의 『태극도는 원시천문도(論太極圖是原始天文圖)』라는 논문에 실려 있는 것이다. 즉, 태극도는 원시천문도에 의해 탄생했다는 뜻이다.

음과 양의 기의 변화에 의해 완성된 것이 태극도다. 자세히 보면 음과 양이 어우러져 있는 모습이 끊임없이 순환하는 소용돌이를 연상하게 한다.

## 천삼지이

생수의 형성과정을 볼 때, 양을 대표하는 시작의 수는 1이고, 음을 대표하는 시작의 수는 2다. 즉, 1은 하늘이고 2는 땅이다. 단, 땅은 하늘의 일부이기 때문에 하늘은 자신의 1에 2를 더해 3이 양을 상징하는 수가 된다.

따라서 양을 대표하는 천수(天數)는 3이 되고, 음을 대표하는 지수(地數)는 2가 된다. 이것을 '삼천이지(三天二地)', 또는 '천삼지이(天三地二)'라고 표현한다. 팔괘에서 사용하는 숫자는 모두 이 천삼(天三)과 지이(地二)에서 탄생한다.

여기서 천수만으로 이루어진 것은 '태양'이라고 부른다.

→ 3+3+3 =9

지수만으로 이루어진 것은 '태음'이라고 부른다.

→2+2+2 =6

천수에 지수가 섞인 것은 '소음'이라 부른다.

→3+3+2 =8

지수에 천수가 섞인 것은 '소양'이라 부른다.

→2+2+3 =7

이것이 성수에서의 6, 7, 8, 9를 형성한다. 그리고 천수만으로 이루어진 수 9와 지수만으로 이루어진 수 6을 음양의 대표 완성수로 보고, 주역에서는 양효(—)를 9로, 음효(--)를 6으로 표현한다. 다음과 같은 괘의 예를 보자.

풍수환괘

맨 아래를 초육(初六), 아래에서 두 번째를 구이(九二), 아래에서 세 번째를 육삼(六三), 아래에서 네 번째를 육사(六四), 아래에서 다섯 번째를 구오(九五), 맨 위의 효를 상구(上九)라고 표현하는데, 여기에서 구(九), 육(六)이라는 표현이 바로 음양의 대표 완성수를 이용한 표현이다.

다시 설명해 보자. 육삼이라고 하면 아래에서 세 번째에 있는 효로 음효(--)라는 뜻이다. 육(六)이라고 표현했기 때문이다. 그럼 구오(九五)는? 그렇다. 아래에서 다섯 번째에 있는 양효(—)라는 뜻이다. 이런 식으로 괘에서 효를 표현할 때 '육' '구'라는 식으로 표현하는 이유는 음양의 대표 완성수가 6과 9이기 때문이다.

이것은 주역으로 점을 칠 경우, 괘를 구분하면서 매우 중요한 의미를 가지는데 태양과 태음은 '변효(變爻)'라고 하여 음양이 바뀔 수 있고, 소양과 소음은 '불변효(不變爻)'라고 하여 음양이 바뀔 수 없다.

점을 칠 때는 효 한 개를 얻기 위해 세 번의 과정을 되풀이하며 그때 태양, 태음, 소양, 소음을 구분해 변효와 불변효를 구분한다.

따라서 사상(四象)에서의 태양, 태음, 소양, 소음과는 내용 면에서 약간 차이가 있다. 사상은 팔괘로 발전하기 전 음양에서의 변화이므로 효가 두 개다. 하지만 여기에서의 태양, 태음, 소양, 소음은 효가 세 개다. 즉, 세 개의 효에 음과 양이 어느 정도 배분되어 있는지를 살펴보고, 그 음양의 비율에 따라 변효인 태양과 태음, 불변효인 소양과 소음으로 구분한 것이다.

## 사상에서 팔괘로

태극에서 음양으로 갈라진 사상(四象)은 다시 팔괘(八卦)로 나누어진다. 즉, 태음, 태양, 소음, 소양이 다시 음양의 배분에 따라 둘씩 갈라지면서 팔괘를 형성하게 되는 것이다.

사상에서의 태음은 음효가 또 음효를 만난 것이다. 즉, 음효가 또 음효를 만나 완전한 음만으로 구성되어 있다는 의미다.

소양은 음효가 양효를 만난 것으로, 음효가 양효를 만나면서 양기(陽氣)를 띠게 되었다는 의미다.

태양은 양효가 또 양효를 만난 것으로, 양효가 또 양효를 만나 완전한 양기만으로 구성되어 있다는 의미다.

소음은 양효가 음효를 만난 것으로, 양효가 음효를 만나면서 음기를 띠게 되었다는 의미다.

이제 사상에서 팔괘로의 변화를 알아보자.

음양의 양에서 갈려나온 태양이 다시 양효를 만나면 세 개의 효가 모두 양으로 구성된다. 이것이 팔괘에서의 건괘(乾卦)다.

음양의 양에서 갈려나온 태양이 음효를 만나면 두 개의 양효 위에 한 개의 음효가 더해진다. 이것이 팔괘에서의 태괘(兌卦)다.

음양의 양에서 갈려나온 소음이 양효를 만나면 양효와 음효 위에 다시 양효가 놓이게 된다. 이것이 팔괘에서의 이괘(離卦)다.

음양의 양에서 갈려나온 소음이 음효를 만나면 양효와 음효 위에 또 음효가 놓이게 된다. 이것이 팔괘에서의 진괘(震卦)다.

여기까지가 음양의 양에서 갈려나온 네 가지 괘에 해당한다. 이 네 가지 괘의 근본은 모두 양에 있다. 이번에는 음에서 갈려 나오는 괘들을 알아보자.

음양의 음에서 갈려나온 태음이 다시 음효를 만나면 세 개의 효가 모두 음으로 구성된다. 이것이 팔괘에서의 곤괘(坤卦)다.

음양의 음에서 갈려나온 태음이 양효를 만나면 두 개의 음효 위에 양효 한 개가 더해지게 된다. 이것이 팔괘에서의 간괘(艮卦)다.

음양의 음에서 갈려나온 소양이 음효를 만나면 음효와 양효 위에 다시 음효가 놓이게 된다. 이것이 팔괘에서의 감괘(坎卦)다.

음양의 음에서 갈려나온 소양이 양효를 만나면 음효와 양효 위에 또 양효가 놓이게 된다. 이것이 팔괘에서의 손괘(巽卦)다.

이 내용을 선천팔괘의 방위도를 이용해 다시 한 번 살펴보자.

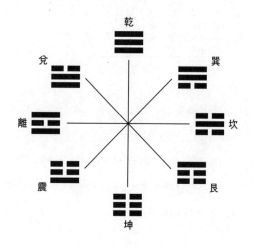

이 그림에서 맨 위에 있는 건(乾)부터 시계 반대방향으로 내려오면 건태이진(乾兌離震)의 순서가 된다. 여기까지가 양에서

갈려나온 팔괘에 해당한다. 한편 건의 오른쪽에 있는 손(巽)부터 시계방향으로 내려오면, 손감간곤(巽坎艮坤)의 순서가 된다. 여기까지는 음에서 갈려나온 팔괘에 해당한다.

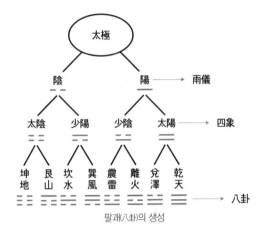

팔괘(八卦)의 생성

따라서 선천팔괘를 외울 때는 '건태이진 손감간곤'의 순서로 외우게 된다. 위의 그림을 보면 더 쉽게 이해할 수 있을 것이다. 이것이 선천팔괘의 순서다. 이 선천팔괘를 문왕(文王)이 정리했고, 그것을 '후천팔괘(後天八卦)'라 부르며 후천팔괘의 방위 위치는 다음과 같이 바뀐다.

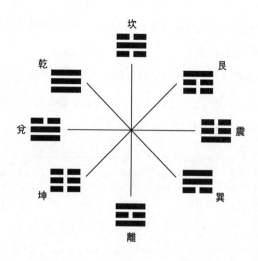

　즉, 후천팔괘는 북서쪽의 건방(乾方)에서부터 시계방향으로 돌아가며 '건→감→간→진→손→이→곤→태'의 형태를 이룬다. 이 내용을 다시 차서도(次序圖, 차례로 정리한 그림)로 살펴보자.

| | 太極 | | | | | | | |
|---|---|---|---|---|---|---|---|---|
| 양의(兩儀) | 陽<br>— | | | | 陰<br>-- | | | |
| 사상(四象) | 太陽<br>⚌ | | 少陰<br>⚎ | | 少陽<br>⚍ | | 太陰<br>⚏ | |
| 팔괘(八卦) | 乾<br>☰ | 兌<br>☱ | 離<br>☲ | 震<br>☳ | 巽<br>☴ | 坎<br>☵ | 艮<br>☶ | 坤<br>☷ |
| | 1 | 2 | 3 | 4 | 5 | 6 | 7 | 8 |
| 방위(方位) | 北西 | 西 | 南 | 東 | 南東 | 北 | 北東 | 南西 |

이제 음양에서 사상으로, 사상에서 팔괘로의 변화과정은 충분히 이해했을 것이다.

한편 각각의 팔괘가 상징하는 의미는 헤아릴 수 없을 정도로 많은데, 그 이유는 팔괘로 만물을 표현하는 것과 마찬가지이기 때문이다. 기본적인 의미는 다음과 같다.

| 괘명 | 건(乾)☰ | 태(兌)☱ | 이(離)☲ | 진(震)☳ | 손(巽)☴ | 감(坎)☵ | 간(艮)☶ | 곤(坤)☷ |
|---|---|---|---|---|---|---|---|---|
| 자연 | 하늘天 | 연못澤 | 불火 | 천둥雷 | 바람風 | 물水 | 산山 | 땅地 |
| 인간 | 아버지父 | 소녀少女 | 중녀中女 | 장남長男 | 장녀長女 | 중남中男 | 소남少男 | 어머니母 |
| 성질 | 강건健 | 기쁨說 | 화려함麗 | 움직임動 | 들어감入 | 빠짐陷 | 그침止 | 유순順 |
| 오행 | 陽金 | 陰金 | 火 | 陽木 | 陰木 | 水 | 陽土 | 陰土 |
| 동물 | 말午 | 양羊 | 꿩雉 | 용龍 | 닭鷄 | 돼지豚 | 개犬 | 소牛 |
| 방향 | 서북방西北方 | 서방西方 | 남방南方 | 동방東方 | 동남방東南方 | 북방北方 | 동북방東北方 | 서남방西南方 |
| 사계 | 가을-겨울秋-冬 | 가을秋 | 여름夏 | 봄春 | 봄-여름春-夏 | 겨울冬 | 겨울-봄冬-春 | 여름-가을夏-秋 |

# 64괘의 의미

지금까지 주역의 원리와 팔괘의 형성과정을 살펴보았다. 이 팔괘를 각각 짝을 지으면 모두 64개의 괘가 완성되는데 이것을 '대성괘(大成卦)'라고 부른다.

대성괘는 각각의 소성괘(小成卦: 팔괘)가 짝을 이루어 만들어지기 때문에 그 의미가 매우 다양하고 복잡하다. 대성괘는 흔히 역점(易占)을 치는 경우 답으로 사용하며, 인생사의 길흉을 판단할 때 참고한다. 여기서는 각 괘의 의미와 해설을 중심으로 간략히 정리해보기로 한다.

## 상경(上經) 30괘 건(乾)―이(離)

### 1. 건상건하(乾上乾下) 건위천(乾爲天)=중건천(重天乾)

- 大吉
- 위대한 하늘, 군주로서의 도리.
- 출발, 사업과 기획의 성공. 돈보다 명예.
- 신경계 질병 주의, 서쪽 방향이 좋음.


乾(건) 元(원). 亨(형). 利(이). 貞(정).
→ 건은 하늘이다. 사덕이 갖추어져 있다.


- 우주를 구성하는 음양 이원(二元) 중에서 창조적인 활동이
  왕성한 본능을 소유.
- 건은 일출 때 '햇살이 쾌적한 형상'으로, 발음이 비슷한 건
  (健: 강건함, 굳건함)의 의미도 포함.
- 순수하게 양기만으로 구성되어 있는 가장 거대한 존재는

하늘이기 때문에 양효를 세 개 겹쳐 ≡로 삼고, '건'이라는 이름을 붙임. 따라서 하늘을 상징.

- 다음에 ≡을 상하로 두 개 겹쳐 복잡한 하늘의 도리의 변화와 효용을 강조.
- 상하의 괘가 모두 ≡이라는 의미는 가장 순수한 양(陽), 최고의 건강을 상징.
- '원'은 종자의 발아에 해당=인(仁)
- '형'은 성장에 해당=예(禮)
- '이'는 개화(開花)=의(義)
- '정'은 결실=지(智)
- 사덕(四德)의 순환.
- 64괘 중 가장 강하고 튼튼한 괘.
- 만물의 근본인 하늘과 아버지를 상징.
- 속성: 위대하다, 크게 통한다, 굳세다

## 2. 곤상곤하(坤上坤下) 곤위지(坤爲地)＝중지곤(重地坤)

- 大吉
- 땅의 포용, 신하로서의 도리.
- 끈기, 노력, 안정, 성공.
- 소화기 질병, 피로, 비뇨기 계통 질병.

坤(곤) 元亨(원형) 利牝馬之貞(이빈마지정) 君子有攸往(군자유유왕). 先迷後得(선미후득) 主利(주리). 西南(서남) 得朋(득붕), 東北(동북) 喪朋(상붕), 安貞(안정) 吉(길).

→ 곤은 땅이다. 곤은 근본이다. 여성은 정숙해야 이롭다. 군자는 먼저 가지 말고 이익을 생각해 나중에 가야 얻는다. 서남쪽에서는 벗을 얻고, 동북쪽에서는 벗을 잃을 것이니 마음을 바르게 안정시켜야 길하다.

- 두 개의 곤을 함께 해석해 대지의 정세를 상징.
- 곤의 의미는 어머니(여성)이며 신(伸)과 순(順)으로 태양의 햇

살이 신장하는 형상과 땅의 기운이 신장하는 형상을 상징.

- 건은 만물을 창시하는 하늘의 운용이고, 곤은 하늘을 따라 만물을 형성하는 하늘의 효용.

- 곤괘의 삼효는 모두 음(陰)인데 음의 형상에서 가장 거대한 존재는 땅이기 때문에 곤이라는 이름을 붙여 땅을 상징.

- 건은 주도, 곤은 순종. 곤을 두 개 겹쳐 순수한 음, 가장 부드럽고 정숙한 여성을 표현.

- 곤도 '원, 형, 이, 정'의 사덕을 갖추고 있지만, 건과 달리 어떤 상황에서든 이익을 얻는 것이 아니라 유순하면서 튼튼한 다리를 가진 암말처럼 정도(正道)를 걸어야 가능.

- 군자가 전진하면 반드시 얻는 것이 있지만, 소인이 앞서 달리면 방향을 잃는다. 따라서 뒤따라가야 비로소 얻는 것이 있다(양은 군자를, 음은 소인을 상징하기 때문).

- 곤은 음괘. 서남방은 음이 시작하는 방위이므로 친구를 얻고, 동북방은 양이 시작되는 방위이므로 친구를 잃는다고 표현.

- 만물을 포용하고 양육하는 땅과 어머니를 상징.

- 속성: 순응, 지극함

- 곤괘는 천지간에 만물이 충만한 상태를 나타내기 때문에 다음에는 둔괘(屯卦)가 되는데 '둔(屯)'은 '충만, 만물창시'의 의미.

## 3. 감상진하(坎上震下) 수뢰둔(水雷屯)

- 大凶
- 4대 난괘 중 하나.
- 충만, 만물창시, 출산의 고통.
- 상황 불리, 인내가 필요.
- 신경쇠약, 스트레스, 변비, 금전적 손실, 색난.


屯(둔) 元亨利貞(원형이정) 勿用有攸往(물용유유왕) 利建後(이건후).

→ 물과 우레가 둔이다. 둔은 원형이정을 갖출 수 있으니 바르게 행동해야 하며, 함부로 나아가지 말고 제후를 세워야 이롭다.


- 둔은 '진치다' '막히다' '고민하다'라는 뜻.
- 상괘가 구름과 비이고 하괘가 험난함인데, 하괘의 진(震)은 움직임을 의미해 구름이 모이고 비가 내려 천지가 처음으

로 탄생하는 고통을 상징.

- 둔은 '초목에 싹이 나고 생기가 충만하다'는 의미이기 때문에 "크게 형통할 수 있는 괘. 곧고 바르게 행동해야 이롭다"고 말한다.

- 단, 초목은 싹이 났을 뿐 매우 나약하기 때문에 아직은 이용할 수 없어 "갈 곳이 있어도 가지 말아야 한다"고 표현한다.

- 둔괘의 초효(初爻)는 한 무리의 음효 아래 있으며 주효(主爻)이기 때문에 의연한 모습으로 전진하면 어려움을 극복하고 목적을 달성할 수 있다.

- 비가 내리고 천둥이 진동하는 상이니 새싹이 눈 속에서 봄을 기다리는 형상.

- 만물이 탄생하기 시작했을 때는 필연적으로 몽매(蒙昧)하다. 따라서 다음의 괘는 몽괘(蒙卦)이고 몽(蒙)은 몽매(蒙昧), 유치(幼稚)의 의미.

## 4. 간상감하(艮上坎下) 산수몽(山水蒙)

- 中
- 몽매(蒙昧), 계몽(啓蒙).
- 선배의 조언, 기다림, 인내.
- 소화기 질병, 도난.

蒙(몽) 亨(형) 匪我求童蒙(비아구동몽). 童蒙求我(동몽구아) 初筮(초서) 告(고), 再三(재삼) 瀆(독). 瀆則不告(독칙불고) 利貞(이정).

→ 몽은 예(禮)다. 내가 몽매한 사람에게 구하는 것이 아니라 몽매한 사람이 나에게 구함이다. 처음 점칠 때 길하고 나쁜 것을 고하는 것이 좋고, 여러 번 되풀이하면 지저분해진다. 지저분해지면 답을 알기 어려우니 곧고 바르게 행동해야 이롭다.

- 몽(蒙)은 '어리다' '어리석다'는 뜻. 한편 계몽의 뜻이 있음.

- 상괘인 간(艮)이 산으로 멈추는 기능이 있고, 하괘인 감(坎)이 물로 위험을 상징.

- 산 아래 위험이 있는 곳은 어슴푸레한 장소. 따라서 아래가 위험하고 위가 멈추어 있다는 것은 마음속의 두려움을 의미하며 외부에 대한 거부, 유치함, 우매함을 상징. 그 때문에 '몽'이라고 표현.

- 이 괘에서 구이(九二)의 강효(剛爻)는 소괘에서 중(中)을 얻어 주체(主體)가 되며, 육오(六五)와 정응(正應)을 이루어 계몽(啓蒙)의 힘을 갖추고 있기 때문에 "막힘없이 트일 수 있는 괘상이다"라고 표현.

- 주체는 구이를 가리키며 '몽매한 사람'은 유치하고 몽매한 어린이, 즉 육오를 가리킴.

- 몽매한 어린이가 내게 가르침을 구하는 것이지, 내가 몽매한 어린이에게 가르침을 구하는 것이 아님.

- 계몽의 원칙은 동기가 반드시 순수하고 올바른 것이어야 하며 그런 동기를 끝까지 견지해나가야 하기 때문에 "곧고 바르게 나아가야 이롭다"고 표현.

- 만물이 유치한 상태이기 때문에 교육을 시켜야 한다. 따라서 다음의 괘는 수괘(需卦)다. '수(需)'는 교육의 도리, 음식의 길을 가리킨다.

## 5. 감상건하(坎上乾下) 수천수(水天需)

- 中
- 주저(躊躇), 기대(期待).
- 능력 비축, 여유, 시기상조.
- 색난, 뜻밖의 횡재.


需有浮(수유부) 光亨(광형), 貞吉(정길), 利涉大川(이섭대천).
→ 물과 하늘이 수(需)다. 수는 수(須)와 같은 것이니 기다
린다는 뜻이다. 때가 되면 형통하고 마음이 바르면 길하다.
관직에 나아가면 이롭다.


- 수(需)는 '기다리다' '기대하다'라는 뜻.
- 상괘인 감(坎)이 구름, 하괘인 건(乾)이 하늘로 구름이 하늘
  위까지 올라가 음양의 조화를 기다릴 수만 있다면 자연스
  럽게 비가 되어 내린다.
- 수는 수요(需要)다. 생물이 생명을 유지하려면 음식은 반드

시 필요하기 때문에 주저(躊躇)와 대기(待機)로 비유.

- 소괘에서 중(中)을 얻고 대괘에서 정위(正位)를 얻은 구오 (九五)는 형상(形象)을 보면 중심이 충실하고 성의와 성실 을 상징.

- 하괘인 건(乾)의 양(陽)의 앞길은 감(坎)의 물이기 때문에 걸어서 건널 수는 없지만, 순강(順剛)의 능력을 갖추고 있어 서 끈기 있게 기다릴 수만 있다면 반드시 순조롭게 강을 건 널 수 있다.

- '마음을 바르게 가지는 것'은 길(吉)의 전제조건이며 반드 시 기다려야 점괘가 길해짐.

- '서괘전(序卦傳)'에서는 '수(需)'를 음식의 길이라고 해석해 음식에는 다툼이 따라붙는다고 본다. 따라서 다음 괘는 다 툼을 상징하는 송괘(訟卦)다.

## 6. 건상감하(乾上坎下) 천수송(天水訟)

- 大凶
- 쟁론(爭論), 소송(訴訟).
- 운세의 약화, 조심, 윗사람의 방해, 절약.
- 변비, 난산.


訟(송) 有浮(유부) 窒惕(질척) 中吉(중길) 終兇(종흉) 利見大
人(이견대인), 不利涉大川(불이섭대천).

→ 하늘과 물이 송(訟)이다. 송사에는 성실성도 있으나 막히
기도 한다. 두려워하여 중용을 택하면 길하나 결국에는 나쁘
다. 대인을 만나면 이롭고 관직에 나아가는 것은 해롭다.


- 송(訟)은 '다툼' '소송' '재판'이라는 뜻.
- 상괘인 건(乾)이 하늘, 하괘인 감(坎)은 물로 하늘이 위, 물
  이 아래 있어 행동 방향이 다르기 때문에 다툼이 발생.
- 구이(九二)는 한가운데 있어 성실함을 상징하지만 상괘인

구오(九五)와 같은 양효로, 정응(正應)이 아닌 불응(不應)이
다. 따라서 성의가 숨이 막히고 우려가 증가하기 때문에 경
계해야 함.

- 또 상구(上九)는 세 개의 양효 중에서 가장 위쪽에 있어 매
우 강하며, 그 강함에 의지해 분쟁을 일으키기 때문에 필연
적으로 위험.

- 구오는 대인(大人)을 가리키는데 양효가 상괘에서 중(中)을
얻었기 때문에 강건중정(剛健中正)으로 지도적인 지위를
차지.

- 건(乾)의 강(剛)이 감(坎)의 험(險) 위에 있다. 즉, 충실함이
함정 위를 걷고 있는 형국이기 때문에 위세를 앞세우지 말
고 중용을 지켜야 함.

- 위세를 부리면 반드시 흉해진다.

- 다투다 보면 필연적으로 무리를 이루게 되어 두령이 필요
하다. 그래서 다음 괘는 사괘(師卦). '사(師)'는 원래 여러 사
람들 앞에서 설교를 한다는 의미다.

## 7. 곤상감하(坤上坎下) 지수사(地水師)

- 吉
- 군대, 전쟁.
- 강한 운세, 두령, 다툼.
- 금전적 시비.

師貞(사정) 丈人(장인) 吉(길), 无咎(무구).

→ 땅과 물이 사(師)다. 사는 다수의 군사를 뜻하며 군사를 동원하는 명분은 곧고 올바른 것이어야 한다. 덕 있는 어른이어야 길하고 허물이 없다.

- 사(師)는 '스승' '군대' '거느리다'라는 뜻.
- 물이 지하에 있는데 지상으로 유출되지 않은 모습으로 유순한 백성 사이에 군대나 위험이 잠복해 있다는 것을 의미.
- 구이(九二)는 유일한 양효 하괘의 한가운데 있고, 다섯 개의 음효로 둘러싸여 지켜지고 있기 때문에 통솔자로 해석.

- 강한 양효가 아래쪽에서 실권을 움켜쥐고 있는 모습.
- 육오(六五)의 부드러움이 높은 장소에 자리를 잡고 있어 군주가 통솔자를 임명, 군세를 확충한다는 것을 상징하기 때문에 '사(師)'라는 이름이 붙음.
- 군자가 군대를 통솔해야 실수나 재앙을 면할 수 있음.
- 군대의 지도방침은 바르고 곧아야 하며, 정의를 원칙으로 삼아야 친밀하게 단결해 적에게 승리를 거둘 수 있다. 따라서 다음 괘는 '단결'과 '친밀'을 상징하는 비괘(比卦)다.

## 8. 감상곤하(坎上坤下) 수지비(水地比)

- 中
- 친밀, 종속.
- 인화, 협력, 성실, 도박 조심.
- 피부병, 인연, 친구.


比(비) 吉(길). 原筮(원서), 元永貞(원영정) 无咎(무구). 不寧
(불녕), 方來後夫(방래후부) 凶(흉).

→ 물과 땅은 비(比)다. 서로 친하고 도우며 바르게 유지하
면 허물이 없다. 편안함을 유지하지 못하면 후에 대장부가
와도 흉하다.


- 비(比)는 '견주다' '비교하다' '인화(人和)'의 뜻.
- 하괘인 곤(坤)이 땅, 상괘인 감(坎)은 물. 물이 땅 위에 있는
  모습.
- 땅은 물을 얻어 부드러워지고 물은 땅을 얻어 흘러갈 수 있

기 때문에 친밀하게 서로 돕는다는 의미.

- 서로를 도울 수 있는 기초는 지도자에게 복종하는 것.

- 이 괘에서의 지도자는 주효인 구오(九五)인데, 그 강한 양(陽)은 중(中)과 정(正)을 모두 얻었다.

- 또 상하 다섯 개의 음효가 따르고 있는 것은 지도자 주위에서 모두가 친밀하게 힘을 합쳐 모든 일이 순조롭게 진행되는 모습을 상징.

- 친밀하게 서로 힘을 합쳐 원칙을 지키면서 계속 앞으로 나아가면 재앙을 만나지 않지만, 마음이 불안정하고 다른 사람에게 뒤쳐지는 사람은 위험을 만남.

- 단결과 협력이 이루어지면 필연적으로 축적을 하게 되어 다음 괘는 소축괘(小畜卦)인데 '축(畜)'은 '축(蓄)'과 같은 의미.

- 상육이 음이기 때문에 머리에 해당하는 양이 갖추어져 있지 않아 도울 수 없다. 그래서 흉함도 있다.

## 9. 손상건하(巽上乾下) 풍천소축(風天小畜)

- 中
- 적은 축적, 작은 장해(障害).
- 부부 불화, 친구 불화.
- 신경계 질병, 방해.

小畜(소축) 亨(형) 密雲不雨(밀운불우) 自我西郊(자아서교).

→ 바람과 하늘은 소축(小畜)이다. 조금 모아놓으면 형통한다. 짙은 구름이 일지만 비가 내리지 않는다. 서쪽 교외로 가는 것이 좋다.

- 축(畜)은 '기르다' '저축하다'라는 뜻.
- 상괘의 손(巽)이 바람, 하괘의 건(乾)은 하늘. 바람이 하늘 위에 있는데 아직 비가 내리지 않기 때문에 소축(小畜)이라함.
- 음효는 육사(六四) 하나밖에 없기 때문에 양이 지나치게 왕

성하고 음이 부족한 모습으로, 원하는 바는 크지만 능력이
부족한 상태.

- 또 한 개의 음으로 다섯 개의 양을 부양하니 능력에 한계가
있기 때문에 하고 싶은 일을 이루려면 잠시 기다려야 함.
- 그러나 이 정체는 일시적인 것으로 행동을 저지하기에는
충분하지 못하기 때문에 곧 순조로운 시기가 찾아와 큰비
가 내릴 것임.
- 사물이 축적되면 예의를 바탕으로 절제해야 하며, 예는 반
드시 사람에 의해 이행되는 것이기 때문에 다음의 괘는 예
를 상징하는 이괘(離卦).

## 10. 건상태하(乾上兌下) 천택리(天澤履)

- 中
- 이행, 실천.
- 놀람, 예의, 분수, 자각.
- 호흡기, 비뇨기 계통 질병.


履虎尾(이호미) 不咥人(부질인), 亨(형).
→ 하늘과 못이 리(離)다. 범의 꼬리를 밟아도 물지 않는다.
만사가 다 형통한다.


- 이(履)는 '밟는다' '따른다' '예절'이라는 뜻.
- 상괘의 건(乾)이 하늘이고 하괘의 태(兌)는 연못. 하늘이 위
  에, 연못이 아래 있다는 것은 우주의 이치이며 사람도 이에
  따라야 한다는 뜻에서 이(履)라는 이름이 붙음.
- 상괘 건의 삼효는 모두 양으로 강건함을 상징하고 하괘의
  태가 뒤를 따르고 있기 때문에 호랑이의 꼬리를 밟는다는

데 비유(연못에 빠지다-호랑이의 꼬리를 밟다).

- 다행히 태에는 온화한 덕행이 갖추어져 있기 때문에 호랑이는 결코 이를 드러내지 않고 모든 일이 순조롭게 풀린다고 본다(연못은 움직이지 않는다).

- 이 괘는 이상을 실천하는 원칙을 설명. 주나라의 문왕이 폭군인 은(殷)나라의 주왕(紂王)에 의해 감옥에 갇혀 있던 상황을 비유.

- 예의가 갖추어지면 평안해지기 때문에 다음 괘는 '통한다'는 의미를 가진 태괘(泰卦).

## 11. 곤상건하(坤上乾下) 지천태(地天泰)

- 大吉
- 태평(太平), 유통(流通).
- 음양 화합, 순조, 무리 삼가, 최고의 지위.
- 성급하지 말 것, 지나치지 말 것, 좋은 인연, 금전 융통.

泰(태) 小往大來(소왕대래) 吉(길), 亨(형).
→ 땅과 하늘은 태(泰)다. 소(小, 陰)가 가고 대(大, 陽)가 살아나니 길하고 형통할 것이다.

- 태(泰)는 '크다' '크게 통한다' '태평하다'라는 뜻.
- 상괘인 곤(坤)이 땅이고 하괘인 건(乾)은 하늘. 땅이 위에 있고 하늘이 아래에 있어 이치에 맞지 않는 것처럼 보이지만, 실제로는 천지가 교차해 음양이 기맥(氣脈)을 통하는 안정의 원리를 나타내기 때문에 태(泰)라는 이름이 붙음.
- 옛날 군주는 이런 자연의 법치에 순응함과 동시에 그것을

확대해 국가의 통치에 이용, 백성의 생활을 평안하게 만들었음.

- "소(小)가 물러가고 대(大)가 온다"고 표현하는 이유는 '소'가 순음(純陰)인 상괘의 곤, '대'는 순양인 하괘의 건을 가리키는데 '물러간다'는 바깥쪽으로 향한다는 의미이고 '온다'는 안쪽으로 향한다는 의미를 가지고 있기 때문. 즉, 곤이 외괘(外卦)로 나가는 것이 '소가 물러간다'이고 건이 내괘(內卦)로 들어오는 것이 '대가 온다'는 뜻.

- 태괘는 십이소식괘(十二消息卦)에서 정월(正月)로, 천지가 교차하고 일월이 만나는 계절에 해당해 만물이 순조롭다고 봄.

- 십이소식괘(十二消息卦)
  식(息: 양의 발생): 복(復), 임(臨), 태(泰), 장(壯), 쾌(夬), 건(乾)
  소(消: 음의 발생): 구(姤), 돈(遯), 비(否), 관(觀), 박(剝), 곤(坤)

- 태괘의 주효(主爻)는 '유순'과 '중용'을 의미하는 육오(六五)인데, 상괘의 중심은 공허하고 구이(九二)와도 응하기 때문에 계곡처럼 깊은 겸허한 마음을 갖춘 군자도 상징한다.

- 만물이 늘 순조로울 수만은 없다. 따라서 다음 괘는 '파괴'와 '차단'을 의미하는 비괘(否卦)다.

## 12. 건상곤하(乾上坤下) 천지비(天地否)

- 大凶
- 암흑, 폐쇄.
- 음양의 불화, 막힘, 도난, 문서상의 문제.
- 피부병, 뇌출혈.

否之匪人(비지비인) 不利君子貞(불리군자정), 大往小來(대왕소래).

→ 비(否)는 인도(人道)가 아니니 군자가 올바름을 펴기에는 이롭지 않다. 큰 것이 가고 작은 것이 온다.

- 비(否)는 '막힌다'는 뜻. '부'라고 읽을 때에는 '부정'의 뜻.
- 건의 하늘이 위, 곤의 땅이 아래에 있어 순조로운 것처럼 보이지만, 실제로는 천지가 등을 돌려 음양이 통하지 않는 형상이기 때문에 '비(否)'라는 이름이 붙음.
- 인간사회에 비유하면 군주와 신하의 마음이 동떨어져 있어

정치가 흩어지고 권력이 분산되는 정세.

- 내괘(內卦)가 모두 음, 외괘(外卦)가 모두 양으로 겉으로는 강해 보이지만, 속은 유약한 소인(小人)의 형상을 상징.

- 음은 소인, 양은 군자로 소인이 조정에 둥지를 틀면 군자는 물러나게 되기 때문에 정직한 군자는 이익을 얻지 못함. 즉, '대(大)가 가고 소(小)가 온다'는 의미로 상괘인 '태'(泰)와 상반되기 때문에 암흑과 폐쇄를 상징.

- 비괘도 십이소식괘의 하나로 음장양소(陰長陽消)의 7월을 나타내며, 소인이 일출을 붙잡아 기세를 얻고 군자가 일몰을 바라보고 쇠퇴하는 추세를 표현.

- "비(否)가 극에 이르면 태(泰)가 온다(불운이 극에 달하면 행운이 찾아온다는 뜻)"는 격언은 태괘(泰卦)와 비괘(否卦)에서 유래된 것.

- 폐쇄된 상황에서 군자는 자신의 재능을 삼가고 소인에게 휘말리는 것을 피해야 함.

- 만물은 늘 폐쇄된 상태로만 있을 수는 없다. 따라서 다음 괘는 '합동하여 폐쇄를 돌파한다'는 의미의 동인괘(同人卦)다.

### 13. 건상이하(乾上離下) 천화동인(天火同人)

- 大吉
- 일치단결.
- 협력, 조력자, 희망, 전진.
- 열병, 전염병.

同人于野(동인우야) 亨(형). 利涉大川(이섭대천) 利君子貞
(이군자정).

→ 하늘과 불은 동인(同人)이다. 같은 뜻을 가진 사람들을
들에 집합시키니 모든 일이 형통한다. 관직에 나아가면 좋
고, 군자의 바른 마음이 이롭다.

- 동인(同人)은 '뜻을 같이 한다' '협력'이라는 뜻.
- 상괘인 건(乾)은 하늘, 하괘인 이(離)는 불. 불은 위로 향하
고 밝아 하늘의 특성과 비슷하기 때문에 동인(同人)의 형상
을 형성.

- 유순한 육이(六二)와 강건한 구오(九五)가 상응해 사람들이 넓은 들판에 모여 순조로운 상태를 보이는 모습을 표현.
- 건(乾)의 강건함이 힘차게 전진하기 때문에 험난한 장애를 초월해 대동단결을 이룰 수 있는 모습.
- 하괘인 이(離)가 광명을 상징하고 상괘인 건(乾)이 강건을 상징해 육이(六二)와 구오(九五)가 중(中)과 정(正)을 모두 얻어 서로의 장점을 발휘.
- 어두운 밤길에 등불을 얻은 상으로, 세상을 밝히는 일은 여러 사람이 힘을 합쳐야 하므로 '동인(同人)'을 괘의 이름으로 함.
- 함께 협동해 폐쇄적인 상황을 벗어나면 만백성이 유순하게 따라 큰 수확을 올릴 수 있기 때문에 다음 괘는 '큰 소유' '위대한 사업'을 의미하는 대유괘(大有卦)다.

## 14. 이상건하(離上乾下) 화천대유(火天大有)

- 大吉
- 거대한 수확.
- 성대함, 풍요, 행운.
- 고혈압.


大有(대유) 元亨(원형).
→ 불과 하늘은 대유다. 양기가 강하니 크게 형통한다.


- 대유(大有)는 '크게 만족해 즐거워하는 상태'라는 뜻.
- 상괘인 이(離)가 태양이고 하괘는 건(乾). 태양이 하늘 높이 떠올라 만물을 따뜻하게 비추어 큰 수확이 있음을 상징.
- 대유괘에서 유일한 음효는 육오(六五)인데 높은 자리에 앉아 중(中)을 얻어 다섯 개의 양효를 통솔하는 모습. 따라서 군자가 높은 장소에 앉아 천하를 움켜쥐고 계곡처럼 깊고 겸허한 마음을 갖추었음을 상징.

- 하괘인 건(乾)은 강건, 상괘인 이(離)는 광명이기 때문에 강건과 광명의 덕행을 겸비했다고 봄.
- 한편 육오(六五)와 구이(九二)가 유순한 마음으로 서로를 도와 각각의 장점을 발휘하는데, 이것은 군주가 천명을 받들고 민심에 순응하며 사람들을 통솔해 위대한 사업을 완성할 수 있음을 상징. 따라서 이 괘의 점사는 '크게 형통하는 괘'.
- 대사업을 이루는 사람은 현실에 안주하지 말고 끊임없이 움직여야 한다. 따라서 겸손한 마음을 갖추어야 하기 때문에 다음 괘는 '겸손'과 '겸양'을 의미하는 '겸괘(謙卦)'다.

## 15. 곤상간하(坤上艮下) 지산겸(地山謙)

- 中
- 겸손의 미덕.
- 겸손, 겸양, 수양, 협력.
- 하체의 질병.

謙(겸) 亨(형), 君子有終(군자유종).

→ 땅과 산은 겸(謙)이다. 겸손하면 형통하리니 군자는 유종의 미를 거둔다.

- 겸(謙)은 '겸손' '겸양'이라는 뜻.
- 내괘인 간(艮)이 산으로 마침을, 외괘인 곤(坤)이 땅으로 순종을 상징해 마음속으로는 억제를 알고 겉으로는 유순한 겸손의 형상.
- 간의 산이 곤의 땅 아래에 있는 형상으로 높은 산이 자신의 모습을 땅 아래 감추고 있어 역시 겸허함을 의미.

- 고대 중국에서는 "속이 비어 있으면 쓰러지고 적당히 채워져 있으면 똑바로 설 수 있으며 너무 많이 채워져도 쓰러진다"는 의미로, 바닥이 뾰족한 병을 제기로 사용해 자만을 경계했음.
- 노자(老子)의 『도덕경(道德經)』에서는 겸손에 대해 "가득 차면 손해를 부르고 겸손하면 이익을 부른다"고 설명했음.
- 대사업을 이루었는데도 겸손한 사람은 태과(太過)와 불급(不及)이 없어 필연적으로 마음이 즐거울 수밖에 없다. 따라서 다음 괘는 '기쁨'과 '즐거움'을 의미하는 예괘(豫卦)다.

## 16. 진상곤하(震上坤下) 뇌지예(雷地豫)

- 吉
- 즐거움, 기쁨.
- 준비, 대비, 지출, 도박 등 조심.
- 심장병, 경기.

豫(예) 利建侯行師(이건후행사).

→ 우레와 땅은 예(豫)다. 제후의 나라를 세우고 군대를 동원하면 이롭다.

- 예(豫)는 '미리' '즐겁다'는 뜻.
- 상괘인 진(震)은 천둥, 하괘인 곤(坤)은 땅. 천둥이 땅 위에서 폭발해 대지를 진동시켜 음양이 잘 화합하는 모습을 상징.
- 한편 상괘인 진은 약동, 하괘인 곤은 순종을 의미해 임기응변으로 적절하게 행동해 즐겁기 때문에 예(豫)라는 이름이 붙여짐.

- 예괘에서 유일한 양효인 구사(九四)에는 호응하는 다섯 개의 음효가 있기 때문에 결단을 실행할 수 있다고 본다. 단, 시기를 중요하게 결정해야 함.
- 땅 위에서 천둥, 번개가 치면 비가 내리는 것을 예측할 수 있기 때문에 예(豫)를 괘 이름으로 함.
- 백성을 즐겁게 하면 많은 사람들이 따른다. 그래서 다음 괘는 '따른다'는 의미의 수괘(隨卦)다.

## 17. 태상진하(兌上震下) 택뢰수(澤雷隨)

- 中
- 온건(穩健), 수종(隨從).
- 바쁨, 금전 융통, 작은 성취.
- 질병 악화.

隨(수) 元亨(원형), 利貞(이정), 無咎(무구).
→ 못과 우레는 수(隨)다. 시기에 맞추어 행동하면 크게 형통하니 마음을 바르게 가져야 이롭다.

- 수(隨)는 '따르다' '순종한다'는 뜻으로 수동적이며 종속적인 의미.
- 하늘에서 진동해야 할 우레가 연못 아래 있으니 꼼짝 못하고 연못의 뜻에 따를 수밖에 없기 때문에 수(隨)를 괘 이름으로 함.
- 하괘인 진(震)은 약동, 상괘인 태(兌)는 즐거움. 이쪽이 움직

이면 저쪽이 즐거워한다는 의미로 서로 손발을 잘 맞추면 사업이 성공할 수 있다고 봄.

- 진의 방위는 동쪽으로 일출과 봄을 상징한다. 태의 방위는 서쪽으로 일몰과 가을을 상징해 사계절의 추이를 따라 안식의 시기를 맞이한다는 의미도 있음.

- 따라서 진괘가 서쪽을 상징하는 태괘를 뚫고 외부로 나올 때까지 인내를 가지고 기다리는 것이 좋음.

- 감정이나 욕망에 이끌려 즐거움에만 물들어 있으면 사고가 발생한다. 그래서 다음 괘는 '그릇 안의 내용물이 부패해 벌레가 들끓는다'는 의미의 고괘(蠱卦)다.

## 18. 간상손하(艮上巽下) 산풍고(山風蠱)

- 大凶
- 혁신(革新), 부패(腐敗).
- 불안, 위험, 용기 필요, 불화, 혼란, 지출.
- 건강 악화.


蠱(고) 元亨(원형). 利涉大川(이섭대천) 先甲三日(선갑삼일) 後甲三日(후갑삼일).

→ 산과 바람은 고(蠱)다. 원형(元亨)이니 관직에 나아가면 이롭다. 갑일(甲日)에 앞서 사흘이고 갑일(甲日)에 뒤이어 사흘이다.


- 고(蠱)는 '어지럽다' '좀 먹는다'는 뜻.
- 상괘인 간(艮)은 산, 하괘인 손(巽)은 바람. 바람이 산 위를 향해 올라가 초목의 과실이 흔들리기 때문에 쇠퇴가 시작되는 형상.

- 또 하괘인 손은 순종, 상괘인 간은 멈춤으로 아래에 있는 자가 굴복하고 위에 있는 자가 정체되어 있기 때문에 반드시 부패함을 상징해 그릇 안에서 벌레가 들끓는 고(蠱)라는 이름이 붙음.
- '갑일(甲日)에 앞서 사흘이고 갑일에 뒤이어 사흘'이라는 말에서의 '갑(甲)'은 천간(天干=十干)의 첫 번째로 '사건의 발단'이라는 의미를 파생.
- 갑의 사흘 전은 신(辛). 이것을 신(新)으로 보아 새롭다는 의미로 해석하고, 사흘 뒤는 정(丁)인데 '정중하다'는 의미로 해석한다. 따라서 다시 시작한다는 마음으로 신중하게 대처해야 함.
- 어떤 문제가 발생하면 현명한 사람이 나타나 공명을 얻고 사업을 이룬다. 따라서 다음 괘는 '다다르다' '군림한다'는 의미의 임괘(臨卦)다.

## 19. 곤상태하(坤上兌下) 지택림(地澤臨)

- 吉
- 높은 곳에서 낮은 곳으로의 이동.
- 희망, 즐거움, 평화, 적극적, 여유.
- 내장 질환, 종양.

臨(임) 元亨(원형) 利貞(이정), 至于八月(지우팔월) 有兇(유흉).
→ 땅과 못은 임(臨)이다. 양기(陽氣)가 강성(强盛)해 크게 형통한다. 마음을 바르게 가져야 이롭고, 팔월에 이르면 흉하다.

- 임(臨)은 '순서를 밟다' '군림하다'라는 뜻.
- 상괘인 곤(坤)은 땅, 하괘인 태(兌)는 연못. 땅이 연못 위에 있어 높은 곳에서 낮은 곳으로 임한다는 의미를 나타내기 때문에 임(臨)이라는 이름이 붙음.
- 한편 상괘인 곤은 순종을 의미하고 하괘인 태는 즐거움을

의미해 즐거운 마음으로 순종하면 바람이 이루어진다는 의미도 있음.

- 구이(九二)와 육오(六五)가 상응해 상하가 통하고 있기 때문에 임괘는 '원, 형, 이, 정'의 사덕도 겸비하고 있다고 봄.
- 군림을 할 때는 사방을 잘 살펴보아야 한다. 따라서 다음 괘는 '본다'는 의미의 관괘(觀卦)다.

## 20. 손상곤하(巽上坤下) 풍지관(風地觀)

- 中
- 전시(展示), 관찰(觀察).
- 성실, 겸손, 공정.
- 불의의 부상, 사고.


觀(관), 盥而不薦(관이불천) 有孚(유부), 顒若(옹약).

→ 바람과 땅은 관(觀)이다. 제사를 지내기 전에 목욕재계
하는 겸허한 마음으로 행동하면 백성들이 우러러 존경한다.


- 관(觀)은 '살핀다' '통찰한다'는 뜻.
- 상괘인 손(巽)은 바람, 하괘인 곤(坤)은 땅. 바람이 땅 위에
  서 불어 만물에 영향을 끼치는 모습을 의미.
- 땅 위에 바람이 불어 새로운 변화가 일어나는데, 이러한 변
  화를 잘 관찰해야 한다는 뜻에서 관(觀)을 괘 이름으로 함.
- 구오(九五)는 높은 자리에 앉아 있기 때문에 만백성의 추앙

을 받는 위대한 군주를 상징.

- 네 개의 음효는 복종하는 신하와 백성을 상징.

- 상구(上九)는 위에 있는 자는 관찰의 대상이 되기 때문에 늘 경계해야 하며 자만에 빠지거나 경솔한 행동을 해서는 안 된다는 의미를 상징하며, 한편으로는 네 개의 음효 위에 있기 때문에 고결한 은사(隱士)도 상징.

- 잘 살펴보아 추앙을 받을 수 있는 조건이 갖추어지면 사람들이 모여들기 때문에 다음 괘는 '그러모은다'는 의미의 '합(嗑)'이 포함된 서합괘(噬嗑卦)다.

## 21. 이상진하(離上震下) 화뢰서합(火雷噬嗑)

- 中
- 형벌(刑罰), 교합(咬合).
- 초조, 적극적인 행동, 투쟁, 방해, 구설.
- 신경 계통의 질병.

噬嗑(서합) 亨(형), 利用獄(이용옥).

→ 불과 우레는 서합(噬嗑)이다. 투쟁하면 형통한다. 옥(獄)을 이용하는 것이 이롭다.

- '서(噬)'는 깨문다(咬), '합(嗑)'은 위턱과 아래턱이 잘 맞는다는 의미. 즉, 상하의 턱이 서로 맞물려 입으로 들어온 음식을 부수는 모습.
- 하괘인 진(震)은 천둥, 상괘인 이(離)는 번개. 천둥은 위협을 갖추고 있고, 번개는 빛을 뿌리는 모습으로 군주는 이 정신을 본받아 형벌을 제정하고 법률을 엄격하게 적용해야 한

다는 표현.

- 이 괘와 비슷한 모양인 이괘(頤卦)는 입을 크게 벌리고 상하의 턱이 상대하고 있는 모습으로, 그 사이에는 아무 것도 없지만 서합괘는 상하 턱 사이에 양효가 한 개 있어 씹는 모양을 이룸.

- 불과 우레가 만나면 천지를 진동하니 격렬한 언쟁과 싸움에 휘말릴 수 있다.

- 일이 순조롭게 진행되지 않는 경우에는 반드시 중간에 장애가 있는데 그 장애를 씹어 없애버리면 일은 다시 순조롭게 진행된다. 따라서 이 괘의 괘사는 '순조로움'.

- 한편 형벌을 상징하기도 하는데 형벌은 장애가 되는 불순분자를 제거하는 것.

- 만물을 그러모으기만 한다고 좋은 것은 아니기 때문에 다음 괘는 '장식한다'는 의미의 비괘(賁卦)다.

## 22. 간상이하(艮上離下) 산화비(山火賁)

- 中
- 문명(文明), 장식(裝飾).
- 음양의 조화, 추진, 예능, 인기, 꾸밈, 화려함.
- 열병, 홧병, 심장병.

賁(비) 亨(형), 小利有攸往(소리유유왕).

→ 산과 불은 비(賁)다. 아름답게 꾸미면 형통한다. 관직에 나아갈 일이 있으면 적은 이득이 있다.

- 비(賁)는 '꾸미다' '장식하다'라는 뜻. '문명'과 '장식'이라는 의미도 내포하고 있음.
- 하괘인 이(離)가 태양, 상괘인 간(艮)은 산. 멈춤으로써 문명이 사물의 본체 위에 성립된다는 의미에서 비(賁)라는 이름이 붙여짐.
- 산 아래에 불이 있다는 것은 서산에 기우는 해의 찬란한 노

을을 나타냄. 그래서 '아름답게 꾸민다'는 뜻의 비(賁)를 괘 이름으로 함.

- 단, 적당한 치장은 눈을 즐겁게 하지만 화려함이 지나치면 지탄의 대상이 됨.
- 문식(文飾)이 도를 넘으면 형식으로 흐르게 되고, 결국 허식(虛飾)으로 바뀐다. 그 결과 실질(實質: 진정한 의미)이 침식을 당해 박락(剝落: 벗겨짐)을 면할 수 없기 때문에 다음 괘는 '벗겨진다'는 의미의 박괘(剝卦)다.

## 23. 간상곤하(艮上坤下) 산지박(山地剝)

- 大凶
- 박락(剝落).
- 방심 주의, 불안정, 반목.
- 화재, 교통사고, 알코올 등의 중독.


剝(박) 不利有攸往(불리유유왕).

→ 산과 땅은 박(剝)이다. 관직에 나아가면 이롭지 못하다.


- 박(剝)은 '벗기다' '빼앗다' '깎인다' '떨어진다'라는 뜻.
- 상괘인 간(艮)은 산, 하괘인 곤(坤)은 땅. 산이 땅 위에 부착
  되어 있다. 산은 원래 땅 위에 높이 솟아 있었지만 박락에
  의해 땅에 부착된 것.
- 한편 곤은 순종, 간은 멈춤을 가리키며 대세가 흐르는 장소
  에는 순종, 근신, 인내밖에 존재하지 않는다. 즉, 소를 위해
  대를 잃는 식이기 때문에 경거망동 하지 말아야 한다.

- 밑에서부터 음효 다섯 개가 계속 이어져 있고, 단 한 개의 양효가 있을 뿐이므로 매우 위태롭다.
- 십이소식괘에서 박괘는 9월을 가리킨다. 9월은 음성양쇠(陰盛陽衰)의 불리한 조건이기 때문에 군자는 실력을 쌓으며 시기가 찾아오기를 기다려야 한다.
- 물질의 발전에는 순환성이 있는데, 음이 성해 극점에 이르면 다시 위에서 밑으로 되돌아온다. 따라서 다음 괘는 '돌아온다'는 의미의 복괘(復卦)다.

## 24. 곤상진하(坤上震下) 지뢰복(地雷復)

- 大吉
- 복귀(復歸).
- 발전, 번영, 시작, 출발, 수입 증가.
- 질병 악화.

復(복) 亨(형) 出入無疾(출입무질), 朋來(붕래) 無咎(무구). 反復其道(반복기도) 七日(칠일) 來復(내복) 利有攸往(이유유왕).

→ 땅과 우레는 복(復)이다. 되돌아오면 형통한다. 출입에는 문제가 없고 벗이 오면 허물이 없다. 그 도(道)를 반복하니 칠일(七日) 만에 되돌아온다. 관직에 나아가면 이롭다.

- 복(復)은 '돌아오다' '회복하다'라는 뜻.
- 상괘인 곤(坤)은 땅, 하괘인 진(震)은 천둥. 천둥이 땅 아래에 있는 형상.
- 땅 밑에서 천둥 우레가 울린다는 것은 땅 위에 새로운 시작

을 알리는 것과 같으므로 복(復)을 괘 이름으로 함. 곧 성공할 운.

- 십이소식괘에서 양강(陽剛)이 처음으로 발생하지만 아직 음과 대항하기에는 충분하지 않기 때문에 천둥이 번뜩인다.

- 양강이 돌아와 활력이 생기기 때문에 막혔던 것이 트인다.

- 내괘(內卦)인 진이 움직임을 나타내고 외괘(外卦)인 곤이 순종을 나타내기 때문에 양(陽)은 밑에서 위로 올라와 자연스럽게 활동할 수 있어서 '출입을 해도 병이 없다'고 설명한 것.

- 소식괘에서는 음효가 구괘(姤卦)에서 발생해 복괘(復卦)에 이를 경우 일양(一陽)이 부활하고, 이어 일곱 개의 효를 거치는데 여기에서 한 개의 효를 1일에 비유해 '7일 만에 되돌아온다'고 설명한 것.

- 음이 극에 이르면 양이 발생하고 복괘에서 양강이 다시 시작되기 때문에 적극적인 행동에 유리하다고 봄.

- 다시 회복해 진실에 이르면 허망(虛妄)해지지 않기 때문에 다음 괘는 '허망하지 않다'는 의미의 무망괘(无妄卦)다.

## 25. 건상진하(乾上震下) 천뢰무망(天雷无妄)

- 吉
- 객관적인 법칙.
- 불안, 성실, 대길을 앞둠.
- 불면증, 신경성 질환.

无妄(무망) 元亨利貞(원형이정). 其匪正(기비정) 有眚(유생),
不利有攸往(불리유유왕).

→ 하늘과 우레는 무망(无妄)이다. 원형이정의 사덕이 갖추
어져 있다. 마음이 올바르지 않으면 재앙이 있기 때문에 함
부로 행동하면 해롭다.

- 무(无)는 '없다'는 뜻이고, 망(妄)은 '허망하다' '망령되다'라
  는 뜻.
- 하늘에 천둥이 울리니 머지않아 비가 오겠지만, 당장은 아
  니니 침착하게 때를 기다려야 한다.

- 하늘 아래에 천둥이 있고 음양의 작용으로 만물을 발생시켜 안정을 정착시키는 모습.
- 내괘인 진(震)은 움직임, 외괘인 건(乾)은 건강으로 행동이 강건하다. 구오(九五)와 육이(六二)가 서로 응해 유연함과 강건함이 자리를 얻었기 때문에 순조롭다.
- 따라서 '위대함, 순조로움, 온화함, 견고함'이라는 네 가지 덕이 갖추어진다. 그러나 정의를 견지하는 것이 전제 조건이므로 정도를 걷지 않으면 하늘의 가호를 받지 못해 폐해가 발생한다.
- 무망하면 실질적인 답사를 통해 축적을 늘리기 때문에 다음 괘는 '거대한 축적'을 의미하는 대축괘(大畜卦)다. '축(畜)'은 축(蓄)과 같다.

## 26. 간상건하(艮上乾下) 산천대축(山天大畜)

- 大吉
- 수원(水源)의 개척, 용수(用水)의 절약.
- 축적, 희망, 추진력, 금전적 여유.
- 스트레스, 피부 질환, 변비.


大畜(대축) 利貞(이정), 不家食(불가식) 吉(길). 利涉大川(이섭 대천).

→ 산과 하늘은 대축(大畜)이다. 지혜를 활용하면 이롭다. 집에서 먹으려 하지 말고 넓은 세상으로 나아가야 이롭다.


- 대축(大畜)은 '크게 쌓다' '많이 모이다'라는 뜻.
- 하늘 위로 산이 높이 솟아 오른 모습으로 크게 축적된 상이기 때문에 대축(大畜)을 괘 이름으로 함. 산이 높이 솟은 모습은 새로운 변화도 상징.
- 하괘인 건(乾)의 하늘이 상괘인 간(艮)의 산 안에 포함되어

있어 거대한 축적이 있다고 본다.

• 그러나 정도를 견지하지 않으면 발전할 수 없기 때문에 '마음을 곧고 바르게 가져야 이롭다'고 설명한 것.

• 상괘인 간의 중효인 육오(六五)는 구이(九二)와 상응하고 있으며 하괘인 건이 하늘이기 때문에 하늘에 순응해 도를 행하면 극복할 수 없는 어려움이 없다.

• 물자를 축적하면 양육할 수 있다. 따라서 다음 괘는 '양육'을 의미하는 이괘(頤卦)다.

## 27. 간상진하(艮上震下) 산뢰이(山雷頤)

- 中
- 양생(養生).
- 육성(育成), 협력, 수양.
- 치통, 위장 질환, 간장 질환.


頤(이) 貞吉(정길) 觀頤(관이), 自求口實(자구구실).

→ 산과 우레는 이(頤)다. 지혜를 활용하며 길하다. 양육을 할 때는 잘 지켜보면서 스스로 어떤 것을 원하는지 살펴야 한다.


- 이(頤)는 '턱' '양육' '봉양하다'라는 뜻.
- 상괘인 간(艮)은 산, 하괘인 진(震)은 천둥. 봄날의 천둥이 산기슭에서 진동하면 산 위의 초목이 싹이 나기 때문에 양육을 상징.
- 군자는 이 정신을 본받아 언어를 신중하게 하여 수양에 힘

쓰며 절도 있는 식생활을 할 수 있도록 노력해야 한다.

- 이 괘는 입을 크게 벌린 모습으로, 위아래의 이가 서로 상대하고 있는데 이곳을 통해 들어간 음식물이 배로 들어가 영양을 공급한다.
- 상괘인 간은 멈춤이고 하괘인 진은 움직임인데, 음식을 먹을 때는 일반적으로 위턱을 움직이지 않고 아래턱을 움직이기 때문에 흠 잡을 데 없는 모습.
- 따라서 안으로 노력하고 밖으로 중심을 잃지 않는 자세를 갖추어야 이롭다.
- 양육이 되면 발전을 하기 위해 행동에 나선다. 따라서 다음 괘는 '거대한 발전'을 의미하는 대과괘(大過卦)다.

### 28. 태상손하(兌上巽下) 택풍대과(澤風大過)

- 大凶
- 거대한 발전, 심상치 않은 행동.
- 지나침, 불균형, 세력 약화, 자금난, 색난.
- 과로, 질병, 난산.

大過(대과) 棟橈(동요) 利有攸往(이유유왕), 亨(형).
→ 못과 바람은 대과(大過)다. 집의 대들보가 휘어진다. 관직에 나아갈 일이 있으면 예를 갖추어야 한다.

- 대과(大過)란 정상적인 상황에서 크게 벗어나 '지나치다'라는 뜻.
- 잔잔한 연못에 바람이 불어 물결이 크게 일어난다. 작은 배가 큰 풍랑을 만났으니 '지나치다'는 뜻에서 대과(大過)를 괘 이름으로 함.
- 상괘인 태(兌)는 연못, 하괘인 손(巽)은 나무. 물은 나무를

뜨게 해야 하는데 오히려 나무를 가라앉게 하고 있기 때문에 심상치 않은 상태를 상징.

- 괘사에서 '대들보가 휘어진다'는 것은 대들보가 곧지 않다는 의미.

- 이 괘의 모습을 대들보에 비유하면, 중간은 견실한데 양쪽 끝이 연약해 무거운 부담을 감당하지 못하는 상태.

- 양효가 매우 많지만 구이(九二)는 내괘(內卦)에서 중(中)을 얻었고, 내괘인 손(巽)은 출입, 외괘인 태(兌)는 기쁨이다. 따라서 중용을 지키고 노력(출입)하면 협력을 얻을 수 있기 때문에 전진하기에 유리하고 순조롭게 진행될 수 있다.

- 도가 지나친 상태로 행동이 계속 유지되기는 어렵다. 따라서 다음 괘는 '위험에 빠진다'는 의미의 감괘(坎卦)다. '감(坎)'은 함(陷)과 같은 의미다.

## 29. 감상감하(坎上坎下) 감위수(坎爲水)=중수감(重水坎)

- 大凶
- 4대 난괘 중 하나.
- 중첩되는 위험.
- 험난, 인내, 갇힘, 기다림.
- 노이로제, 두뇌 질환, 신경성 질환.


習坎有孚(습감유부) 維心亨(유심형), 行有尙(행유상).

→ 감(坎)은 파도치는 물이다. 한마음으로 최선을 다해 연습하고 행하면 형통한다.


- 물이 겹쳐 있어 수(水)를 괘 이름으로 함.
- 괘사 '습감'에서 '습(習)'의 본래 의미는 새가 끊임없이 날개를 퍼덕이며 날아가는 연습을 하는 것인데, 이 괘에서는 두 개의 감(坎)이 겹쳐 물이 되어 끊임없이 파도치는 모습을 상징.

- 하나의 양이 두 개의 음 사이에 끼여 있고, 그것이 두 개나 겹쳐 있어 함정과 반복되는 위험을 상징.

- 한편 음은 허(虛), 양은 실(實)로 한가운데의 양은 위험에 빠졌을 때도 신념이 변하지 않음을 상징.

- 구이(九二)와 구오(九五)의 양강(陽剛)이 중(中)을 얻어 강건한 중용의 덕을 갖추고 있기 때문에 '두 양의 기가 통하고 있어서' 앞길에 어떤 위험이 있더라도 노력한 만큼의 성과는 거둔다.

- 괘사에서 '행(行)하면 유상(有尙)'이라고 한 말은, 강건한 중용의 방침으로 지도하면 반드시 성공한다는 의미.

- 이 괘는 험난한 재난이 되풀이되는 형상이지만, 역경에 부딪히더라도 다른 사람에게 뒤지지 않는 강건한 의지와 숭고한 덕을 갖추고 있기 때문에 순조롭게 헤쳐 나올 수 있다.

- 함정에 빠지면 반드시 무엇인가에 의지해 빠져 나와야 하기 때문에 '감(坎 ☵)'이 전화해 '이(離 ☲)'가 된다. '이(離)'는 여(麗)로 '부려(付麗, 의지한다), 반부(攀付, 매달려 올라온다)'라는 의미다.

## 30. 이상이하(離上離下) 이위화(離爲火)=중화리(重火離)

- 吉
- 광명(光明), 현란(絢爛), 의지.
- 강인함, 투쟁, 부드러운 마음 유지, 온화함 유지.
- 급성 질병, 고혈압.

離(이) 利貞(이정), 亨(형) 畜牝牛吉(축빈우길).

→ 이(離)는 불이다. 의리와 지혜를 갖추어야 한다. 암소를 기르듯 행동하면 길하다.

- 불 두 개가 겹쳐 있어 화(火)를 괘 이름으로 함.
- 광명을 나타내는 두 개의 이(離)로 구성되어 있는데, 화려하게 빛나는 무한한 광명을 상징.
- (중국어의 경우) '이(離)'는 '여(麗)'와 음이 같은데 고대에 '여'의 의미는 나란히 붙어 있는 두 마리의 사슴이 서로 협력해 의지함을 뜻함.

- 한가운데의 음효가 두 개의 양효에 부착되어 있는 형상이 기 때문에 '이(離, 부착)'라는 이름이 붙여짐.
- 이(離)는 불의 상징인데, 불은 안쪽이 공허하고 바깥쪽이 밝아 한가운데가 비어 있고 바깥쪽이 실한 이괘(離卦)에 해당하며 불꽃 역시 물체에 부착된다.
- 불이라는 의미는 광명을 대표하는 태양에서 파생된 것.
- 그러나 부착되는 대상이 적절하지 않으면 이익을 얻을 수 없다. 부부, 업무, 이상 등이 모두 마찬가지.
- 육이(六二)와 육오(六五)는 음효가 한가운데에 있어 어미 소 같은 온순함과 중정(中正)을 나타내기 때문에 인연에서는 좋다.

여기까지가 『역경』 64괘 중에서 '상경(上經)'의 내용이다. '상경'은 우주 만물을 창시하는 천지(天地)에서 시작됐지만, '하경(下經)'은 인류의 발단인 남녀관계에서 시작된다. 그렇기 때문에 처음의 괘는 '남녀가 감응을 한다'는 의미의 함괘(咸卦)다.

## 하경(下經) 34괘 함(咸)—미제(未濟)

### 31. 태상간하(兌上艮下) 택산함(澤山咸)

- 大吉
- 상호감응(相互感應).
- 감동, 형통, 협조, 성공, 성취.
- 과로, 스트레스.

咸(함) 亨(형), 利貞(이정). 取女(취여) 吉(길).

→ 못과 산은 함(咸)이다. 함은 감(感)이니 느끼면 형통한다. 마음이 정숙해야 이롭다. 아내를 얻으면 길하다.

- 함(咸)은 '감동' '감응'이라는 의미.
- 상괘인 태(兌)는 연못, 하괘인 간(艮)은 산. 위쪽에 위치한 연못 안의 물이 지하로 침투, 아래쪽에 위치한 산 위의 흙이

수분을 흡수해 윤택해지면서 서로 감응하는 인연이 좋은
형상.

• 상괘인 태는 젊은 여자, 하괘인 간은 젊은 남자를 상징한다.
  성격과 상징(여자가 위, 남자가 아래)에도 불구하고 음양이 서
  로 감응해 흡인한다는 의미이기 때문에 순조롭다고 봄.

• 여섯 개의 효가 모두 정응이다.

• 간은 멈춤, 태는 즐거움인데, 이성을 대할 때는 우유부단하
  지 말아야 하고 동기도 순수해야 하며 젊은 여자를 맞이하
  는 것이 좋다.

• '함(咸)'의 의미는 감(感)인데, 감이라고 표현하지 않은 이유
  는 '감(感)'이라는 글자에서 마음 심(心)을 빼면 '함(咸)'이
  되어 무심한 감응, 이성간의 자연스럽고 본능적인 현상이
  라는 사실을 나타내려는 이유에서임.

• 인연을 강조하는 괘.

• 부부관계는 오랜 세월동안 지속되어야 하기 때문에 다음에
  는 '장구(長久)'라는 의미의 항괘(恒卦)다.

## 32. 진상손하(震上巽下) 뇌풍항(雷風恒)

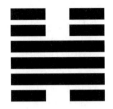

- 中

- 항상(恒常), 지구(持久).

- 지속, 생동, 성장, 노력.

- 신경통, 위장 질환.


恒(항) 亨(형) 無咎(무구) 利貞(이정), 利有攸往(이유유왕).

→ 우레와 바람은 항(恒)이다. 항은 예가 갖추어져 있어 근심이 없다. 마음을 바르게 가지고 관직에 나아가면 이롭다.


- 항(恒)은 '변함없다' '한결같이 지속한다'는 뜻.

- 상괘인 진(震)은 천둥, 하괘인 손(巽)은 바람. 천둥과 바람은 정체되지 않고 끊임없이 활동하며 서로를 돕기 때문에 항구(恒久)를 상징.

- 진은 장남, 손은 장녀로 남자가 여자 위에 있는데, 인류가 부계사회로 접어든 이후, 남존여비의 사고방식이 부부의

도리로 정해졌음을 상징.

- 음양이 서로 감응하는 것을 표현하는 함괘(咸卦)와는 모양이 반대. 함괘는 여자가 남자 위에 있다.

- 진의 움직임과 손의 순종이 강상유하(剛上柔下)로 이루어져 있는 것 이외에 초(初)와 4, 2와 5, 3과 상(上)도 각각 강함과 부드러움이 상응하고 있어 변함없는 이치를 나타내고 있기 때문에 점을 쳐서 이 괘를 얻으면 재난을 만나지 않아 순조로울 것이라고 해석.

- 그러나 모든 일이 순조로우려면 계속 순수함을 유지해야 하기 때문에 군자는 이 정신을 본받아 일상생활에서 항상 공정한 품격을 변치 말아야 함.

- 만물은 영원히 하나의 상태를 유지할 수 없기 때문에 다음 괘는 '은둔' '물러남'이라는 의미의 돈괘(遯卦)다.

### 33. 건상간하(乾上艮下) 천산돈(天山遯: 달아날 둔, 숨을 돈. 원음으로는 돈)

- 大凶
- 은둔(隱遁), 퇴피(退避).
- 은둔, 소극적, 인내, 기다림.
- 건강 쇠약, 홧병.

遯(돈) 亨(형), 小利貞(소이정).
→ 하늘과 산은 돈(遯)이다. 예를 갖추고 마음을 바르게 가지면 적은 이익이 있다.

- 돈(遯)은 '피하다' '물러나다' '은둔하다' '숨다'라는 뜻.
- 상괘인 건(乾)은 하늘, 하괘인 간(艮)은 산. 산은 아무리 높아도 하늘에 다다를 수 없고, 산이 높으면 하늘이 물러나기 때문에 돈(遯)이라는 이름이 붙음.
- '숨는다'는 의미이기 때문에 여기서는 '돈'으로 읽는다. '숨

는다'는 의미는 물러나야 할 때 물러나는 것이 좋다는 뜻. '둔'은 '달아난다'는 뜻.

- 십이소식괘에서는 6월을 가리키는데 6월은 음기가 서서히 길어지는 계절.

- 양강(陽剛)이 구오(九五)의 군주 자리를 차지하고 하괘인 육이(六二)와 통하고 있기 때문에 정도를 회복하는 신념을 갖추고 있지만, 소인(小人)을 상징하는 두 개의 음효가 신장 하는 시기에 해당하기 때문에 군자는 잠시 물러나 있어야 좋다.

- 한번 물러났다고 계속 뒤에 앉아 있을 수만은 없기 때문에 '일시적으로 물러났다가 다시 시작한다'는 의미에서 다음 괘는 '진취적인 기상'을 의미하는 대장괘(大壯卦)다.

## 34. 진상건하(震上乾下) 뇌천대장(雷天大壯)

- 吉
- 흥륭(興隆), 장대(壯大).
- 허세, 허영, 강건, 자신감, 절제 필요.
- 불면증, 변비, 고혈압.

大壯(대장) 利貞(이정).

→ 우레와 하늘은 대장이다. 대장은 의리와 지혜를 중시한다.

- 대장(大壯)은 '힘차다' '성대하다' '씩씩하다'는 뜻.
- 상괘인 진(震)은 천둥, 하괘인 건(乾)은 하늘. 천둥이 하늘 위에서 장대한 울음소리를 내기 때문에 대장(大壯)이라는 이름이 붙음. 군자는 이 정신을 본받아 활력이 넘치는 사업을 벌이고, 지혜를 활용해 평소의 노고를 위로해야 이로움.
- 하괘인 건은 원래 강건한 순양(純陽), 상괘인 진은 주동(主動)으로 강건한 자세에 행동이 수반되어 웅장(雄壯)이라는

의미.

- 하지만 웅장한 인물이 되려면 곧고 바른 정도를 걸어야 하기 때문에 항상 곧고 바른 마음을 유지.
- 진취적인 기상만으로는 더 이상의 진전이 없다. 따라서 다음 괘는 '전진'을 의미하는 진괘(晉卦)다. 여기서 '진(晉)'은 전진(前進)이라는 의미.

## 35. 이상곤하(離上坤下) 화지진(火地晉)

- 中
- 전진(前進), 승진(昇進).
- 출발, 지평선 위의 태양, 발전, 용감, 절제 필요.
- 건강.


　晉(진) 康侯(강후) 用錫馬藩庶(용석마번서), 晝一三接(주일
삼접).

　→ 불과 땅은 진(晉)이다. 왕께서 강후(康侯)에게 살찐 말들
이 이끄는 수레를 하사하시고, 하루에 세 번씩 접대했다.


- 진(晉)은 進(진)으로 '진취' '나아가다' '전진하다' '밝다'는
  뜻.
- 상괘인 이(離)는 태양, 하괘인 곤(坤)은 땅. 태양이 땅 위에
  나타나 만물을 남김없이 비추기 때문에 진(晉)이라는 이름
  이 붙음.

- 또 이는 의존, 땅은 유순. 만물이 위대한 태양에 유순한 모습으로 의존함을 상징.
- 인간사회에 비유한다면 제후가 군주에게 공손한 모습으로 복종한다는 의미를 상징.
- 괘사는 자기의 영지를 평온무사하게 통치하는 제후인 진(晉)이 천자를 알현하고 통치 성과를 보고해 포상으로 다수의 말이 이끄는 마차를 하사 받았다는 의미. 더구나 천자는 하루에 세 번씩이나 진(晉)을 만나 정중하게 접대했다.
- 이 괘사의 뜻은 직무에 충실한 사람이 아니면 상을 받거나 발탁이 되는 경우는 없다는 의미로, 성실함과 노력을 강조하고 있음.
- 전진을 하다 보면 반드시 상처를 받게 된다. 따라서 다음 괘는 명이괘(明夷卦)로, '이(夷)'는 창상(創傷)이라는 의미.

## 36. 곤상이하(坤上離下) 지화명이(地火明夷)

- 大凶
- 은둔(隱遁), 기대(期待).
- 은둔, 휴식, 기다림, 고난, 손해.
- 신경성 질병, 우울증, 홧병.


明夷(명이) 利觀貞(이관정).

→ 땅과 불은 명이다. 지혜를 바탕으로 세상을 바라보아야 이롭다.


- 명이(明夷)는 '밝은 것이 상하고 깨진다'는 뜻.
- 상괘인 곤(坤)은 땅, 하괘인 이(離)는 태양. 태양이 지하로 들어가 광명이 상처를 받은 형상.
- 또 이는 문명, 곤은 유순. 내심이 총명하고 외양이 유순한 성격을 갖추면 큰 재앙을 견뎌낼 수 있다는 의미.
- 주나라 문왕이 그 전형적인 예로, 문왕은 은나라 주왕에 의

해 감옥에 갇혔을 때, 선견지명으로 공손함을 가장해 위기에서 벗어날 수 있었음.

- 현자(賢者)를 상징하는 육오(六五)는 중위(中位)에 있지만 힘이 없고, 음효에 포위당한 상태이기 때문에 마음대로 행동하기 어렵다.
- 상육(上六)은 암흑이 극점에 이르러 서광이 찾아옴을 상징.
- 외부에서 상처를 입으면 반드시 집으로 돌아가게 된다. 따라서 다음 괘는 '가정'과 '윤리'를 의미하는 가인괘(家人卦)다.

## 37. 손상이하(巽上離下) 풍화가인(風火家人)

- 中
- 가정(家庭), 윤리(倫理).
- 소극적, 불안, 색난.
- 심신 허약, 비뇨기계 질병.


家人(가인) 利女貞(이여정).

→ 바람과 불은 가인이다. 가정은 여자가 지혜를 정숙해야
이롭다.


- 가인(家人)은 '집을 지키는 사람'이라는 뜻.
- 내괘(內卦)인 이(離)는 불, 외괘(外卦)인 손(巽)은 바람. 불이
  열기를 상승시켜 바람으로 만드는 모습.
- 이 괘의 상징은 모든 사물이 내부에서 근본을 형성한 뒤 외
  부로 발전한다는 것.
- 위는 장녀(長女)고, 아래는 중녀(中女). 동생이 언니 아래 있

어 그 뜻을 따르니 일가가 편안히 다스려진다는 의미에서 가인을 괘 이름으로 함.

- 한편 외괘의 구오(九五)와 내괘의 육이(六二)는 모두 정(正)을 얻고 있어 남자가 외부를 주도하고 여자가 내부를 주도한다는 점을 상징.

- 가정에서 주부의 중요성을 강조하는 괘로 주부가 올바르면 가정이 바르게 서고, 가정이 바로 서면 집밖으로 나가더라도 반드시 정도를 지킨다는 뜻. 더불어 가족이 각각 책임을 다하면 가정의 윤리도덕은 건전해진다.

- 그러나 가정이 불안해지면 이상한 행동을 하게 되기 때문에 다음 괘는 규괘(睽卦)다. '규(睽)'는 '눈을 돌리는 것' '이상한 행동'을 의미.

## 38. 이상태하(離上兌下) 화택규(火澤睽)

- 中
- 괴이(怪異), 괴리(乖離).
- 적은 이익, 사건, 사고, 언행 조심, 구설.
- 교통사고, 급병.

睽(규) 小事吉(소사길).

→ 불과 못은 규다. 작은 일이면 길하다.

- 상괘인 이(離)는 불, 하괘인 태(兌)는 연못, 불은 염상(炎上), 물은 윤하(潤下)로 성질이 상반되어 '사팔눈' '노려봄' '등짐'을 의미하는 규(睽)라는 이름이 붙었다.
- 규의 본래 의미는 '눈을 돌린다'로 괴리, 괴이(怪異)를 상징.
- 이는 중녀(中女), 태(兌)는 소녀(少女)를 상징하기 때문에 규괘에는 두 명의 여자가 동거하고 있어 동성끼리 서로 배척한다는 의미도 있음.

- 그러나 하괘인 태는 즐거움, 상괘인 이는 밝음이기 때문에 즐거운 마음으로 광명에 의존한다는 의미도 있기 때문에 배척하는 가운데 동화(同化)도 존재함.

- 즉, 합(合) 안에 이(離)가 있고 이(離) 안에 이(異)가 있으며, 이(異) 안에 동(同)이 있다는 의미로 자연의 법칙을 잘 운용할 줄 알아야 하고 싶은 일을 할 수 있음.

- 그러나 이 괘에는 괴리(乖離)의 의미가 있기 때문에 큰일은 이룰 수 없고 작은 일과 인연이 좋다.

- 쓸데없는 곳으로 눈을 돌리면 반드시 재난을 당하기 때문에 다음 괘는 '재난'을 의미하는 건괘(蹇卦)다.

## 39. 감상간하(坎上艮下) 수산건(水山蹇)

- 大凶
- 4대 난괘 중 하나.
- 편중, 곤란(困難).
- 휴식, 조심, 장애, 선배의 조언 필요, 협력 필요.
- 하체의 질병, 질병의 악화.


蹇(건) 利西南(이서남), 不利東北(불리동북). 利見大人(이견대인), 貞吉(정길).

→ 물과 산은 건(蹇: 절름발이)이다. 서남으로 가면 이롭고 동북으로 가면 불리하다. 현명한 사람을 보고 따름이 이로우니 마음을 바르게 가지면 길하다.


- 건(蹇)은 '절름발이' '나아가기 힘들다' '멈추다' '어렵다'는 뜻.
- 상괘인 감(坎)은 물, 하괘인 간(艮)은 산. 산은 험난하고 물은 건너기 어려워 둘 다 매우 곤란한 상태이며, 오르고 내리는

과정을 반복해야 하기 때문에 건(蹇)이라는 이름이 붙었다.

- 괘사에서 '서남쪽으로 가면 이롭다'고 한 이유는, 감(坎)은 일양이음(一陽二陰)으로 진( )이나 간( )과 마찬가지이며 모두 곤괘(坤卦)에서 변화된 것이기 때문에 감(坎)도 곤(坤)으로 볼 수 있는데, 곤(坤)의 방위는 서남쪽이기 때문에 서남쪽으로 향하면 이롭다고 한 것.

- 한편 '동북쪽은 불리하다'고 한 이유는 하괘인 간(艮)의 방위가 동북쪽인데 동북쪽으로 향하면, 즉 후퇴하면 이익을 얻을 수 없다는 의미.

- 육이(六二)와 상오(上五)는 모두 정(正)을 얻고 있어 정도를 견지할 수 있기 때문에 어려운 상황에 처하더라도 마지막에는 모든 일이 잘 풀린다.

- 만물은 계속 궁지에만 몰려 있지 않기 때문에 다음 괘는 '해제'와 '완화'를 의미하는 해괘(解卦)다.

## 40. 진상감하(震上坎下) 뇌수해(雷水解)

- 吉
- 해설(解說), 완화(緩和).
- 활동, 성장, 진취적 행동.
- 건강.

解(해) 利西南(이서남). 無所往(무소왕) 其來復(기래복) 吉(길), 有攸往(유유왕) 夙吉(숙길).

→ 우레와 물은 해(解)다. 서남쪽이 이롭다. 관직에 오를 일이 없으면 조용히 돌아와 안정을 유지하는 것이 길하다. 관직에 나아갈 일이 있으면 삼가는 것이 길하다.

- 해(解)는 '해결되다' '해소된다' '풀린다'는 뜻.
- 상괘인 진(震)은 천둥, 하괘인 감(坎)은 비. 강력한 비바람이 몰아치면서 대자연의 폐쇄상황이 해소됨. 군자는 이를 계기로 실수를 저지른 사람들을 용서해야 함.

- 해괘는 승괘(升卦: 지풍승)에서 발생하는 것으로 승괘의 삼효(三爻)와 사효(四爻)가 바뀌어 해괘가 된 것.
- 승괘(升卦)의 상괘는 곤(坤)이고 방위는 서남쪽이며 구삼(九三)이 상승해 서남쪽으로 들어간 곤(坤)은 어려움을 완화시키는 해괘(解卦)이기 때문에 괘사에서 '서남방이 이롭다'고 설명한 것. 즉, 어려움을 완화시키려면 부드러움을 이용해야 함.
- 한편 어려움을 완화시킨 뒤에는 어떤 행동도 하지 말고 본래의 장소로 되돌아와 휴식을 취해야 함.
- 어려운 상황을 완화시키는 것은 좋지만, 그것이 지나치면 반드시 손해가 발생하기 때문에 다음 괘는 '손해'를 의미하는 손괘(損卦)다.

## 41. 간상태하(艮上兌下) 산택손(山澤損)

- 凶
- 손실(損失), 감소(減少).
- 봉사, 충성, 성의, 장유유서, 손실.
- 과로, 신경성 질병.

損(손) 有孚元吉(유부원길) 無咎可貞c 利有攸往(이유유왕) 曷之用(갈지용), 二簋可用享(이궤가용향).

→산과 연못은 손(損)이다. 위로 덕을 바탕으로 봉사(奉仕) 의 도리를 행하면 성의가 있어 크게 길하고 허물이 없다. 관 직에 나아갈 일이 있으면 이로운데 이것을 어떻게 이용할 까? 두 개의 제기로도 충분히 제사를 지낼 수 있다.

- 손(損)은 '덜다' '줄이다' '손해 보다'라는 뜻.
- 상괘인 간(艮)은 산, 하괘인 태(兌)는 연못. 연못 안의 흙을 줄여 산을 높인다는 뜻으로 산이 높고 연못이 낮음.

- 손괘는 태괘(泰卦: 지천태)를 참고해 이해해야 하는데 태괘의 하괘에서 양효를 한 개 줄이고 상괘에서 양효를 한 개 늘리면 손괘가 됨.
- 즉, 밑에서 손해를 보아 위에서 늘린다는 의미로 백성의 재산을 줄여 군주의 재산을 늘린다는 뜻.
- 줄이는 것 자체는 바람직한 태도가 아니지만 백성으로부터 거두어들인 것을 다시 백성을 위해 사용한다면 백성의 신임을 얻을 수 있다.
- 손해가 극에 달하면 반드시 이익이 발생하기 때문에 다음 괘는 '이익'을 의미하는 익괘(益卦)다.

## 42. 손상진하(巽上震下) 풍뢰익(風雷益)

- 吉
- 수익(受益), 증가(增加).
- 적극적, 전진, 승진, 이익의 축적.
- 교통사고, 급성 질병.

益(익) 利有攸往(이유유왕), 利涉大川(이섭대천).
→ 바람과 우레는 익(益)이다. 관직에 나아갈 일이 있으면
큰 이익이 있다.

- 익(益)은 '더하다' '증가하다' '이익을 보다'라는 뜻.
- 상괘인 손(巽)은 바람, 하괘인 진(震)은 천둥. 바람이 강하면
  천둥도 강렬해지고 천둥이 강렬해질수록 바람 역시 강해지
  기 때문에 천둥과 바람은 서로를 도우며 그 힘을 더욱 증폭
  해 감.
- 익괘와 손괘(損卦)는 의미가 반대이기 때문에 괘의 형상도

반대.

- 육이(六二)와 구오(九五)는 모두 중정(中正)에서 자리를 얻고 있고, 음양이 상응을 하는 데다 하괘의 진이 약동을 상징하기 때문에 전진하면 이롭다고 봄(괘사에서 '대하를 건너면 이익이 있다'는 의미).

- 한편 상괘인 손은 바람과 나무, 하괘인 진은 약동을 의미. 바람에 밀려 나아가는 나무는 배를 상징하기 때문에 '대하를 건너면 이롭다'고 한 것. 즉 위험을 무릅쓰고 어려움과 맞서 싸우라는 암시.

- 이익이 계속 증가하면 반드시 결렬이 발생한다. 따라서 다음 괘는 '결렬'을 의미하는 쾌괘(夬卦)다.

### 43. 태상건하(兌上乾下) 택천쾌(澤天夬)

- 凶

- 결단(決斷), 결렬(決裂).

- 위험, 다툼, 결단, 척결.

- 질병의 신호.


夬(쾌) 揚于王庭(양우왕정), 孚號有厲(부호유려). 告自邑(고자읍) 不利即戎(불리즉융), 利有攸往(이유유왕).

→ 못과 하늘은 쾌(夬)다. 조정에서 선양(宣揚)되니 큰 소리로 알려도 되지만 위태로움이 있으니 먼저 자신의 고을부터 알려야 한다. 무력을 따르면 불리하고 관직에 나아가면 이롭다.


- 쾌는 '물리친다' '결단한다'는 뜻.
- 상괘인 태(兌)는 연못, 하괘인 건(乾)은 하늘. 연못 안의 물이 증발해 하늘로 올라가 비가 되어 내리는 형상.

- '쾌(夬)'의 본래 의미는 활을 당길 때 엄지손가락에 끼우는 반지로, 그 위에서 활시위가 튕겨지기 때문에 결단의 의미를 가지고 있음.
- 다섯 개의 양효는 강대한 군자의 실력, 유일한 음효는 추방당하는 사악한 소인을 상징.
- 쾌괘도 소식괘의 하나로 생기가 발생하는 3월을 상징.
- 결렬된 것(헤어진 것)은 반드시 만나기 때문에 다음 괘는 '해후'를 의미하는 구괘(姤卦)다.

## 44. 건상손하(乾上巽下) 천풍구(天風姤)

• 中

• 해후(邂逅), 조우(遭遇).

• 오만, 구설, 색난, 이익이 없는 바쁜 생활.

• 변비, 비뇨기 계통 질환.


姤(구) 女壯(여장), 勿用取女(물용취녀).

→ 하늘과 바람은 구(姤)다. 여자의 기운이 억세다. 여자를
취하지 말라.


• 구(姤)는 '우연히 만나다' '추하다'라는 뜻.

• 상괘인 건(乾)은 하늘. 하괘인 손(巽)은 바람. 바람이 불면
모든 사물에 영향이 미쳐 어떤 것과도 만날 수 있는 형상.

• 구는 '후(逅)'와 같은 의미로 뜻밖의 만남을 가리키지만 후
는 길 위에서의 만남, 구는 특히 남녀의 만남을 가리킴.

• 한 개의 음효와 다섯 개의 양효는 일녀오남(一女五男)을 상징.

- 한 명의 여성이 다섯 명의 남성과 교제를 하고 있는 형상이기 때문에 부정(不貞)을 의미.
- 소식괘에서는 음양이 서로 접하는 5월을 상징.
- 어떤 만남이든 만남을 이룰 때는 모여들게 되어 있다. 따라서 다음 괘는 '모인다'는 의미의 췌괘(萃卦)다.

## 45. 태상곤하(兌上坤下) 택지췌(澤地萃)

- 吉
- 집합(集合).
- 협력, 도움, 의기투합, 발전, 승진, 번영.
- 위장병, 식중독.


萃(췌) 亨(형), 王假有廟(왕가유묘) 利見大人(이견대인), 亨(형) 利貞(이정). 用大牲(용대생) 吉(길) 利有攸往(이유유왕).

→ 연못과 땅은 췌(萃)다. 모이면 형통한다. 왕이 사당을 모시는데 대인을 만나면 이롭고 모든 일이 잘 형통하리라. 지혜를 바르게 사용하고 큰 제물을 바치면 길하다. 관직에 나아가면 이롭다.


- 췌(萃)는 '모인다'는 뜻. '취'로도 읽음.
- 상괘인 태(兌)는 연못, 하괘인 곤(坤)은 땅. 물이 땅 위에 모여 연못이 된다는 뜻.

- 곤은 순종, 태는 즐거움으로 즐겁게 복종한다는 의미.
- 상괘의 구오(九五)는 정(正)과 중(中)을 얻어 강건하고 하괘에서 정과 중을 얻은 육이(六二)와 상응해 역시 모인다는 의미를 가지고 있기 때문에 '췌'라는 이름이 붙여짐.
- 점을 쳐 이 괘를 얻는다면 군왕은 종묘에 가서 제사를 지내며 효심을 나타내는 제물을 조상들께 바치고 민중을 규합, 민심을 일치단결시켜 사업을 이루어야 함.
- 만물이 모이면 서서히 상승작용을 일으킨다. 따라서 다음 괘는 '상승' '오른다'는 의미의 승괘(升卦)다. '승(升)'은 '승(昇)'과 같다.

## 46. 곤상손하(坤上巽下) 지풍승(地風升)

- 大吉

- 상승(上昇).

- 승급, 승진, 발전, 진취, 이익.

- 질병 쾌차.

升(승) 元亨(원형) 用見大人(용견대인) 勿恤(물휼), 南征(남정) 吉(길).

→ 땅과 바람은 승(升)이다. 제사를 지내니 크게 통한다. 대인을 만나면 근심이 없다. 남쪽으로 향하면 길하다.

- 승(升)은 '위로 상승하다' '올라가다' '번성하다'의 뜻.

- 상괘인 곤(坤)은 땅, 하괘인 손(巽)은 나무. 땅속에서 나무가 자라는 형상.

- 나무는 시시각각 성장하지만, 자칫하면 말라죽기 때문에 승(升)의 상징이 됨.

- 한편 하괘인 손과 상괘인 곤은 모두 유순해 상승하는 과정에서 어떤 장애도 받지 않음.
- 구이(九二)의 강한 효도 하괘의 중을 차지하고 육오(六五)와 상응, 순조로운 형상을 나타내고 있기 때문에 구이의 강건함과 중용의 미덕을 잘 활용하면 반드시 위대한 인물의 협력을 얻을 수 있음.
- 괘사에서 '근심하지 말고 남쪽으로 향하면 길하다'고 했는데, 이것은 남쪽이 향상(向上)과 진취(進取)를 의미하기 때문으로 진취적인 자세를 갖추고 향상을 위해 힘을 써도 좋다는 뜻. 즉, 좋은 기회를 이용해 자신의 결의를 실행하라는 것.
- 끊임없이 상승하다 보면 반드시 진퇴가 어려운 상황, 즉 곤경에 처하게 된다. 따라서 다음 괘는 '곤경'을 의미하는 곤괘(困卦)다.

## 47. 태상감하(兌上坎下) 택수곤(澤水困)

- 大凶
- 4대 난괘 중 하나.
- 곤궁(困窮).
- 불운, 불행, 기다림, 선배의 조언 필요.
- 건강 악화, 신장병, 방광 질환, 비뇨기계 질환, 부인과 질환.

困(곤) 亨貞(형정). 大人(대인) 吉(길), 無咎(무구). 有言(유언) 不信(불신).

→ 연못과 물은 곤(困)이다. 대인이라면 길하고 허물이 없다. 말이 많으면 믿음이 없다.

- 곤(困)은 '부족하다' '곤궁하다' '괴롭다' '통하지 않는다'는 뜻.
- 상괘인 태(兌)는 연못, 하괘인 감(坎)은 물. 연못 안의 물이 땅속으로 스며들어가 연못의 물이 줄어들기 때문에 곤란하다고 해석.

- 하괘인 감은 험난, 상괘인 태는 즐거움으로 군자가 곤경에 빠져도 여전히 즐거움을 잊지 않고 원칙을 견지하면서 원대한 계획을 세우면 빠져나올 수 있음.
- 하괘인 감은 다음소양(多陰少陽)의 양괘, 상괘인 태는 다양소음(多陽少陰)의 괘로, 양이 음에 차단되어 군자가 소인에게 억압당하는 모습을 상징.
- 이 괘는 특히 강건한 중정(中正)의 중요성을 강조하며 경솔함에 반대함.
- 상승해 곤란한 상황을 만나면 반드시 아래쪽으로 돌아온다. 따라서 다음 괘는 '상승했던 기운이 되돌아 내려온다'는 의미의 '우물'을 상징하는 정괘(井卦)다.

## 48. 감상손하(坎上巽下) 수풍정(水風井)

- 凶

- 현인, 중용, 우물.

- 노력, 기다림, 인내, 한쪽이 좋으면 다른 쪽이 좋지 않은 현상.

- 질병 재발, 건강 악화, 중풍.


井(정) 改邑(개읍) 不改井(불개정) 無常無得(무상무득) 往來
井井(왕래정정), 汔至亦未繘井(흘지역미율정) 羸其甁(이기병)
凶(흉).

→ 물과 바람은 정(井)이다. 고을을 바꾸어도 우물은 바꿀
수 없으니 잃는 것도 없고 얻는 것도 없다. 오가며 우물을 사
용하지만 우물에 도착해도 끈이 없어 물을 긷지 못한다. 두
레박이 깨지면 흉하다.


- 정(井)은 '우물' '두레박'이라는 뜻.

- 하괘인 손(巽)은 나무, 상괘인 감(坎)은 물. 나무로 만든 통

(두레박)으로 물을 길어내는 형상이기 때문에 정(井)이라고 한다.

- '정(井)'의 전서(篆書)는 한가운데 점이 하나 있는데 '정'은 나무로 짠 우물의 난간, 한가운데의 점은 두레박을 상징해 '정'에는 위(囲)라는 의미도 있다.

- 고대 정전법(井田法)은 사방 1리(里)의 밭을 우물 정자 모양으로 9등분해 주위의 여덟 구역을 사전(私田), 한가운데의 한 구역을 공전(公田)과 택지로 삼아 우물을 파서 함께 사용했다.

- 전국시대의 병서(兵書)인 『사마법(司馬法)』에는 4정을 1읍(하나의 마을)으로 삼는다는 내용이 있다. 우물은 물을 긷기 위해 모여 시장이 서기 때문에 시정(市井)이라고 했다. 시정은 고대인의 생활에서 매우 중요한 지위를 차지했다.

- 촌락은 이동할 수 있지만, 우물은 이동할 수 없다. 사람들이 왕래하면서 물을 긷지만 우물물은 여전히 깨끗하고 맑다.

- 두레박이 수면에 닿을 때 끈을 느슨하게 하지 않으면 깨지기 때문에(당시의 두레박은 사기로 만들었음) 매우 위험하다.

- 그것을 경계해 현인을 임용하고 관습을 따라 사물을 처리하며 경솔한 행동을 삼가고 모든 일에 만전을 기해야 한다.

- 우물은 항상 새롭게 하지 않으면 흐려지기 때문에 다음 괘는 '변혁' '개혁'을 의미하는 혁괘(革卦)다.

### 49. 태상이하(兌上離下) 택화혁(澤火革)

- 吉
- 개혁, 변혁.
- 불화, 불신, 혁명, 새로운 도전.
- 사고, 급성 질환.

革(혁) 己日(기일) 乃孚(내부). 元亨(원형) 利貞(이정) 悔亡(회망).
→ 물과 불은 혁(革)이다. 변혁은 기일(己日)이어야 참된 성의를 인정받게 된다. 단, 사덕이 갖추어져야 후회가 없다.

- 혁(革)은 '바꾸다' '혁신하다' '혁명'이라는 뜻.
- 상괘인 태(兌)는 연못, 하괘인 이(離)는 불. 불은 물을 증발시킬 수 있기 때문에 변혁을 낳는 형상.
- '혁'의 본래 의미는 가죽으로, 가죽을 가공하는 기술(물, 불)에서 변혁, 개혁의 의미가 파생됨.
- 괘사에서 '변혁은 기일이어야 참된 성의를 인정받게 된다'

고 한 것은 변혁을 추진하려면 우선 백성들의 신뢰를 얻어야 하는데 그 시기는 기토일(己土日)이 좋다는 의미.

- 오행에 오상(五常), 인예신의지(仁禮信義智)를 배합하면 기(己)는 신(信, 믿음)이다. 변혁의 기준은 기일(己日)이 되었는가 그렇지 않은가, 즉 백성들의 신뢰를 얻었는가 그렇지 않은가에 달려 있다.

- 내괘인 이는 밝음, 외괘인 태는 즐거움으로, 현명하면 사람들이 즐거운 마음으로 따른다는 것을 상징하기 때문에 '마음을 곧고 바르게 가져야 이롭다'고 했다.

- 변혁은 심상치 않은 행동이기 때문에 나중에 후회하게 된다. 따라서 후회하지 않으려면 그 동기가 순수하고 올바르며 행위가 적절해야 한다.

- 사물을 새롭게 바꿀 때의 상징물은 솥이다. 솥은 음식을 데워 맛을 새롭게 바꾸기 때문이다. 따라서 다음 괘는 '솥'을 의미하는 정괘(鼎卦)다.

## 50. 이상손하(離上巽下) 화풍정(火風鼎)

- 大吉
- 순조로움, 현자 양성.
- 두뇌 계통의 질환.

鼎(정) 元吉亨(원길형).

→ 불과 바람은 정(鼎)이다. 정은 인(仁)을 상징하니 크게 길하다.

- 정(鼎)은 '발이 셋인 솥' '안정감'이라는 뜻.
- 하괘인 손(巽)은 나무(震과 巽은 오행 분류에서 木에 해당하기 때문에), 상괘인 이(離)는 불(離=火). 나무 위에 불이 있어 조리를 하는 형상.
- 단단한 음식도 솥에 끓이면 부드러워지기 때문에 '정(鼎)'에는 갱신, 창시의 의미가 있다.
- 과거에 왕조가 교체되면 새로운 군주는 가장 먼저 솥을 만

드는데 그것을 '정혁(鼎革)'이라고 한다.

- 정괘에서 초효(初爻)는 솥의 다리를 상징하고, 오효(五爻)는 솥의 귀를 상징한다.

- 내괘(하괘)인 손(巽)이 순종, 외괘(상괘)인 이(離)가 태양, 밝음을 나타내며 육오(六五)는 솥의 귀에 해당해 마음의 복종, 이목의 총명을 상징.

- 솥에는 사기(邪氣)를 진정시키는 그림이 그려져 있는데 법조문을 새겨 위엄을 과시하기도 했다.

- 이 괘의 상징적 의미는 매우 순조로우며 현자를 중용할 수 있다는 것.

- 솥은 제사의 음식을 만드는 기본적인 도구이고, 조상의 제사를 받드는 것은 장남의 의무이기 때문에 다음 괘는 '장남'을 의미하는 진괘(震卦)다.

## 51. 진상진하(震上震下) 진위뢰(震爲雷)=중뢰진(重雷震)

- 凶

- 경계(警戒), 진동(震動).

- 위급, 공포, 두려움, 적극적인 돌파능력 필요.


震(진) 亨(형) 震來(진래) 虩虩(혁혁). 笑言(소언) 啞啞(아아)
震驚百里(진경백리) 不喪匕鬯(불상비창).

→ 진(震)은 우레다. 우레 소리가 진동하니 두렵다. 허탈한
웃음소리가 잇달아 터져 나온다. 우레 소리가 주변 백 리를
진동시켜도 숟가락(匕)과 술(鬯, 신에게 바치는 방향주)을
놓지 않는다.


- 뇌(雷)는 '천둥' '두려움' '사나운 상태' '위엄을 떨친다'는 뜻.

- 천둥이 두 개 겹쳐 있어 하늘의 분노, 천둥소리를 상징.

- 순음(純陰)인 곤괘(坤卦)와 순양(純陽)인 건괘(乾卦)가 처음
  으로 교차된 것으로 낙뢰, 진동, 장남 등을 상징.

- 진괘의 ☳은 대지를 상징하는 ☷의 가장 아래에 일양(一陽)이 발생해 대지를 진동시키기 때문에 지진을 상징. 지진이 발생하면 사람들은 놀라 당황한다.

- 지진은 사방 백 리에 사는 사람들이 두려움을 느낄 정도로 무섭다.

- 비(匕)는 주시(酒匙), 창(鬯)은 칠주(漆酒)로 울금(鬱金)을 적셔 땅에 뿌려 그 향기로 신을 강림시킨다. 장남은 제사를 주재해 지진이 발생하더라도 손에 들고 있는 주시(酒匙)를 떨어뜨리지 않았다.

- 괘사는 제사를 주재하는 장남이 평소 스스로를 잘 경계하고 있으면 지진이 발생하더라도 침착하게 대응할 수 있다는 사실을 알려줌.

- 육이 효사의 '칠일이 되면 찾을 수 있다'는 것은 괘가 바뀌는 것을 의미함.

- 만물이 쉬지 않고 움직일 수만은 없다. 멈추어 휴식을 취하기도 해야 하기 때문에 다음 괘는 간괘(艮卦)다. '간(艮)'은 멈춘다는 의미.

## 52. 간상간하(艮上艮下) 간위산(艮爲山)=중산간(重山艮)

- 大凶
- 정지(停止).
- 난관, 인내, 극복.
- 신경통, 류머티스, 간장 질환.

艮其背(간기배) 不獲其身(불획기신), 行其庭(행기정) 不見其人(불견기인) 無咎(무구).

→ 간(艮)은 산이다. 등지고 서서 그 몸을 볼 수 없고, 마당으로 가도 그 사람을 보지 못한다. 허물이 없으리라.

- 두 개의 산이 겹쳐 있어 중후함, 정지를 상징.
- 군자는 이 정신을 본받아 멈추어야 할 때는 멈출 줄 알아야 한다.
- 군주는 인(仁)에 멈추고 신하는 경(敬)에 멈추며, 자식은 효(孝)에 멈추고 아버지는 자(慈)에 멈춘다. 그리고 사람과 사

람은 신(信)에 멈추어야 한다.

- 이 괘가 산을 상징하는 이유는 태양이 땅의 가장 위쪽에 있기 때문이며(☶) 양(陽)이 이미 극에 이르렀다는 의미도 포함하고 있기 때문에 멈춘다는 뜻도 있다.

- 또 등도 상징한다. 사람의 몸에서 가장 움직이기 어려운 부분이 등이다. 등이 정지해 있으면 몸을 움직이고 싶어도 움직일 수 없다.

- 그 때문에 괘사는 등을 지고 앉아 마음을 평온하게 가라앉혀 외부의 사건 때문에 근심하지 않는 모습을 비유한 것이다.

- 주위가 아무리 시끄러워도 평정을 유지하면 물아양망(物我兩忘)의 경지에 이를 수 있다. 그러면 사람들이 있는 정원을 거닌다 해도 사람의 존재를 느끼지 않는다. 여기까지 수양을 쌓을 수 있다면 재앙을 초래하는 일은 없다.

- 진(震), 태(兌) 등 상하의 괘가 같은 순괘(純卦)의 괘사에는 모두 '크게 형통한다. 곧고 바르게 행동해야 이롭다'는 설명이 들어 있는데, 간괘(艮卦)의 괘사에는 '허물이 없다'는 설명뿐이다. 그 이유는 간괘가 물아양망이라는 지고(至高)의 경지를 상징하기 때문이다.

- 이제 멈출 만큼 멈추었으니 다시 나아가야 한다. 따라서 다음 괘는 점괘(漸卦)다. '점(漸)'은 점진(漸進)이라는 의미.

### 53. 손상간하(巽上艮下) 풍산점(風山漸)

* 吉
* 점진(漸進).
* 단계적인 전진, 희망, 노력.
* 건강 악화.


漸(점) 女歸吉(여귀길) 利貞(이정).

→ 바람과 산은 점(漸)이다. 여자가 시집을 가면 좋다. 정숙하면 길하다.


* '점(漸)'은 '점차 나아진다'는 뜻.
* 하괘인 간(艮)은 산, 상괘인 손(巽)은 나무. 산 위에 나무가 있어 서서히 성장, 높아지는 형상.
* '점(漸)'의 본래 의미는 물이 천천히 침투하는 것으로 점진을 상징.
* 하괘인 간은 멈춤, 상괘인 손은 순종. 순종하는 마음으로 멈

추거나 나아가기 때문에 점진이라는 의미로 해석하기도 함.

- 그러나 다른 괘의 전진과는 달리 딸이 시집을 갈 때처럼 예를 갖추어 나아가는 것으로, 딸이 시집을 갈 때는 일정한 순서를 밟아야 하기 때문에 점진으로 표현.

- 이 괘는 육이(六二)에서 구오(九五)까지, 각각의 효가 모두 정(正)을 얻고 있어 시집가는 딸의 품행과 덕이 순수하고 바르다는 것을 상징.

- 단, 그런 순수함과 올바른 마음을 견지해야 모든 일이 순조롭게 풀림.

- 점진을 하다 보면 반드시 정착할 장소가 눈에 띄기 때문에 다음 괘는 '정착' '결혼'을 의미하는 귀매괘(歸妹卦)다.

### 54. 진상태하(震上兌下) 뇌택귀매(雷澤歸妹)

- 中
- 결혼, 혼인.
- 협조, 협력, 실망, 주의, 색난.
- 건강 악화, 질병 재발, 비뇨기 계통 질환.


歸妹(귀매) 征(정) 兇(흉), 無攸利(무유리).

→ 우레와 연못은 귀매(歸妹)다. 군사를 일으켜 정벌에 나서면 흉하고 이로울 것이 없다.


- 귀매(歸妹)는 '정상적이지 못한 결혼'이라는 뜻.
- 하괘인 태(兌)는 연못, 상괘인 진(震)은 천둥. 연못 위에 천둥이 있어 연못의 물이 천둥에 의해 요동을 치는 형상으로 부창부수(夫唱婦隨)를 상징.
- '귀(歸)'는 부인이 남편의 집에 머무르는 것으로, 원래는 시집간다는 것을 의미하지만 정착한다는 의미도 있음.

- 하괘인 태는 소녀(少女, 막내딸)이고 상괘인 진은 장남으로 막내딸과 장남이 함께 있기 때문에 귀매(歸妹)라 한다. 즉, 혼인이다.

- 혼인은 천지간의 적절한 행위로 천지가 교합하지 않으면 만물은 존재할 수 없고, 남녀가 결혼하지 않으면 자손은 번영할 수 없다. 따라서 혼인은 인류의 귀결이며 인류의 발단이기도 하다.

- 그러나 막내딸과 장남의 결혼이며, 하괘인 태가 즐거움, 상괘인 진은 약동을 뜻하므로 젊은 여자가 음란한 소질이 있어 중년 남자와 만나니 정상적이지 못하다는 뜻에서 귀매를 괘 이름으로 함.

- 또 구이(九二)와 육오(六五)가 모두 정(正)을 얻지 못했기 때문에 전진하면 위험하고 이로울 것이 없다.

- 정착할 곳이 안정되면 반드시 강해지기 때문에 다음 괘는 풍괘(豊卦)다. '풍(豊)'은 성대하다는 의미.

## 55. 진상이하(震上離下) 뇌화풍(雷火豊)

- 吉
- 성대(盛大).
- 번영, 형통, 풍요.
- 위장 질환, 비만, 당뇨.

豊(풍) 亨(형) 王(왕) 假之(가지) 勿憂(물우), 宜日中(의일중).
→ 우레와 불은 풍(豊)이다. 군왕이 예를 지켜 제사를 지내
니 근심이 없다. 태양이 중천에 떠오른다.

- 풍(豊)은 '풍성하다'는 뜻.
- 상괘인 진(震)은 천둥, 하괘인 이(離)는 번개. 천둥과 번개가
  교차해 기세가 매우 강하기 때문에 풍(豊)이라는 이름이 붙
  여짐.
- '풍(豊)'이라는 글자의 본래 의미는 높은 그릇에 음식을 담
  아두는 것으로 성대하다는 것.

- 하괘인 이는 광명, 상괘인 진은 약동. 밝고 생기가 있어 역시 성대함을 의미.
- 성대하면 순조롭다. 군왕은 천하의 부와 수많은 백성을 보유하고 있기 때문에 걱정할 필요가 없다.
- 그러나 하늘 위에 떠 있는 태양처럼 대지를 남김없이 비추고, 그 풍요로운 성과를 백성들과 함께 나누어야 한다.
- 또 태양은 항상 하늘 위에만 있는 것이 아니라 곧 기울어지기 때문에 순조로움에는 위기도 잠복되어 있다.
- 풍족함이 극에 이르면 나태해져서 안정된 장소를 잃게 되기 때문에 다음 괘는 '여행'을 의미하는 여괘(旅卦)다.

## 56. 이상간하(離上艮下) 화산려(火山旅)

- 凶
- 유랑, 궁핍.
- 고독, 작은 성공, 불안, 허무.
- 건강 악화.

旅(여) 小亨(소형) 旅貞(여정) 吉(길).

→ 불과 산은 여(旅)다. 여는 모든 일이 조금씩 트이는 괘다. 마음을 곧고 바르게 가지고 여행하면 길하다.

- 여(旅)는 '여행' '타향으로의 여행' '방황하는 나그네'라는 뜻.
- 하괘인 간(艮)은 산, 상괘인 이(離)는 불. 산 위에 불이 있어 끊임없이 타올라 여행을 하는 사람이 서두르는 모습을 상징해 여(旅)라는 이름이 붙여짐.
- 여행은 불안한 행위로 고대에는 어쩔 수 없을 때나 하는 것이었다.

- 여행지에서는 생활이 불안정하고 의지할 곳이 없어 협력을 얻지 못하기 때문에 순조로울 수가 없다.
- 또 내괘의 육이(六二)와 외괘의 육오(六五)는 같은 성질로 서로 배척해 하고자 하는 일이 이루어질 가능성이 없다. 단, 육오(六五)가 외괘에서 중(中)을 얻어 두 개의 양효를 통솔해 순종과 중용의 덕을 갖추었기 때문에 '조금씩 트이는 괘다'라고 설명한 것임.
- 내괘인 간은 멈춤, 외괘인 이는 밝음과 부여(賦與)를 의미. 고생스러운 여행이라도 정도만 지킨다면 이롭다는 의미를 내포.
- 여행에서 정착할 곳을 찾지 못하면 의지할 수 있는 수단을 강구해야 하기 때문에 다음 괘는 '손괘(巽卦)'다. '손(巽)'은 진입(進入)을 의미.

## 57. 손상손하(巽上巽下) 손위풍(巽爲風)＝중풍손(重風巽)

- 中
- 겸손, 진입.
- 겸손, 유화, 예의.
- 중풍, 관절염, 당뇨, 혈액순환 계통 질환.

巽(손) 小亨(소형) 利有攸往(이유유왕), 利見大人(이견대인).
→ 손(巽)은 바람이다. 약간은 통한다(위아래 모두 바람이기 때문에). 관직에 나아가는 것이 이롭다. 대인을 보면 이롭다.

- '손(巽)'은 원래 상 위에 물건이 놓여 있는 모습을 의미하지만, 같은 음인 '손(遜)'으로도 차용해 겸손이라는 의미가 있음.
- 바람이 잇달아 불어오는 형상. 바람은 어디에도 머무르지 않고 대지를 스쳐 지나간다. 군자는 이 정신을 본받아 자신의 품행을 완전한 것으로 만들고, 바람에 흔들리는 초목처럼 백성을 감화시켜야 한다.

- 손(遜)은 두 개의 양효 아래 음효가 있어 복종과 순종을 상징한다. 따라서 다른 사람에게 순종하면 받아들여지고 다른 사람의 마음속에 자리 잡을 수 있다.
- 마찬가지로 자연의 이치에 순종하면 자연과 동화할 수 있다는 의미가 있다.
- 손(遜)은 초육(初六)의 음효를 주효(主爻)로 보는데, 음은 부드럽게 움직이기 때문에 '약간 통하는 괘다'라고 설명한 것.
- 음이 양에 순종하는 것은 자연의 도리이기 때문에 전진하면 이익을 얻을 수 있다.
- 그러나 순종하더라도 대상을 잘 선택해야 한다. 아무 비판 없이 순종하는 것은 바람직한 태도가 아니다. 위대한 인물에게 순종해야 비로소 이익을 얻을 수 있다.
- 구오 효사에 '先庚三日 後庚三日 吉'이라는 설명이 있는데, 이것은 "명령을 내어 변경하는 도리가 마땅히 이와 같아야 한다"는 의미. 갑(甲)은 일의 시작이고 경(庚)은 변경의 시작. 십간(十干)에 무기(戊己)가 중간이니 중(中)을 넘으면 변하기 때문에 경(庚)이라 이른 것.
- 진입을 시도했는데 상대방이 받아들여 주면 즐거운 일이다. 따라서 다음 괘는 '즐거움'을 의미하는 태괘(兌卦)다.

## 58. 태상태하(兌上兌下) 태위택(兌爲澤)=중택태(重澤兌)

- 大吉
- 희열.
- 즐거움, 겹경사, 기쁨.
- 위, 십이지장 궤양, 대장염, 식중독.


兌(태) 亨(형) 利貞(이정).

→ 태(兌)는 못이다. 어우러지니 형통한다(물과 물이 서로 만나기 때문에). 마음을 바르게 가지면 이롭다.


- 태(兌)는 '즐거움' '온화한 분위기'라는 뜻.
- 위아래의 괘가 모두 태(兌)로, 두 개의 연못이 연결되어 있고 연못의 물이 흘러 서로를 윤택하게 해주는 형상. 군자는 이 정신을 본받아 상호 교류를 통해 둘 다 이익을 볼 수 있도록 노력해야 한다.
- '태(兌)'가 원래 대화와 웃음이라는 의미이므로 이 괘에는

'말'과 '즐거움'이라는 의미가 내포되어 있음.

• 태괘는 감괘(☵, 물)의 하류를 막아 물을 모아서 연못을 이루는 형상이다. 연못의 물은 만물을 윤택하게 하고 즐거움을 줄 수 있다.

• 안팎의 괘가 모두 강효(剛爻)는 중(中)을 얻었고 유효(柔爻)는 바깥쪽에 있다. 이런 종류의 외유내강 형상은 중용의 도에 부합되어 사람들을 즐겁게 한다. 그렇기 때문에 순조롭다고 본다.

• 단, 시비를 구분하지 못하고 오직 사람들을 즐겁게만 하는 것이 아니라 동기가 순수하고 올바르며 정도를 지키면서 사람들을 즐겁게 해주어야 비로소 이익을 얻을 수 있다.

• 사람은 즐거운 일이 있으면 마음이 편해지고 우울함을 떨쳐버릴 수 있다. 따라서 다음 괘는 환괘(渙卦)다. '환(渙)'은 발산(發散)을 의미.

## 59. 손상감하(巽上坎下) 풍수환(風水渙)

- 大吉
- 발산(發散).
- 상쾌, 명랑, 형통.
- 유산, 비만.

渙(환) 亨(형) 王假有廟(왕가유묘), 利涉大川(이섭대천) 利貞 (이정).

→ 바람과 물은 환(渙)이다. 환은 발전한다는 뜻이니 형통한 다. 왕이 사당을 짓고 바르고 곧은 마음으로 일을 추진하면 이롭다.

- 환(渙)은 '흩어지다' '풀어지다'라는 뜻.
- 상괘인 손(巽)은 바람, 하괘인 감(坎)은 물. 바람이 수면 위 를 불어 파도를 일으키기 때문에 환이라는 이름이 붙여짐.
- 구이(九二)의 강효(剛爻)가 중(中)을 얻었고 육삼(六三)과 육

사(六四) 두 개의 음효가 일심동체이기 때문에 순조롭다고 본다.

• 백성들이 뿔뿔이 흩어질 때 군자는 지극 정성으로 마음을 수양하고 종묘에 제사를 지내 선조들의 가호를 빌어야 한다. 그래야 백성들이 군왕의 성의에 의해 감화되고 다시 모여든다.

• 다시 모여들면 큰 강을 건너는 듯한 위험을 감수하고 어려운 상황에 맞서기 때문에 잃어버린 것을 회복한다는 의미가 있다.

• 또 상괘인 손은 나무, 하괘인 감은 물. 나무로 만들어진 배가 물 위를 가는 형상이기 때문에 도하(渡河)를 상징. 그러나 정도를 지켜야 한다.

• 사물이 극에 이르면 반드시 되돌아간다. 만물이 계속 흩어져 있을 수만은 없기 때문에 다음 괘는 절괘(節卦)다. '절(節)'은 대나무의 마디로 '멈춘다'는 의미가 있고 '절제, 절약, 검소' 등의 의미도 있다.

## 60. 감상태하(坎上兌下) 수택절(水澤節)

- 中
- 절제, 절약.
- 한계, 절도, 인내, 절약.
- 식중독, 알코올 중독, 색난.

節(절) 亨(형), 苦節(고절) 不可貞(불가정).

→ 물과 연못은 절(節)이다. 절개를 바탕으로 어려움을 헤쳐 나가면 형통한다. 하지만 어려움 속에서 곧은 마음을 유지하기는 어렵다.

- 절(節)은 '절도' '절약' '규칙' '제한'이라는 뜻.
- 상괘인 감(坎)은 물. 하괘인 태(兌)는 연못. 물이 연못에 들어 있는 형상이기 때문에 절제의 기능이 있다.
- 음양이 절반씩으로 위아래 괘가 둘 다 양효가 중(中)을 얻어 괘의 모양이 좋기 때문에 순조롭다.

- 그러나 물이 지나치게 고이면 넘치듯 지나친 절제도 삼가는 것이 좋다.
- 또 하괘인 태는 즐거움, 상괘인 감은 위험. 목표를 정했을 때 맹렬하게 폭주하는 저돌성을 피할 수 없다.
- 구오(九五)는 천하를 절제하는 군주의 자리에서 정(正)을 얻어 덕행을 갖추고 있기 때문에 순조롭게 나아갈 수 있다. 천지가 절제되기 때문에 사계절에 규율이 서고 순환이 그치지 않는다.
- 성현(聖賢)은 자연을 본받았다. 법규로 백성을 규제하고 낭비를 삼가 곤란한 상황에 놓이게 하지 않았다. 따라서 절제와 절약을 근본으로 내세워야 한다.
- 절제는 사람을 복종시킬 수 있기 때문에 다음에는 중부괘(中孚卦)다. '부(孚)'는 '믿는다'는 의미.

## 61. 손상태하(巽上兌下) 풍택중부(風澤中孚)

- 吉
- 성의(誠意).
- 정성, 최선을 다하는 태도, 순종.
- 간장 질환, 질병 악화.

中孚(중부) 豚魚(돈어) 吉(길), 利涉大川(이섭대천) 利貞(이정).
→ 바람과 연못은 중부(中孚)다. 돼지고기와 물고기를 올려
도 길하다. 마음을 바르게 가지고 관직에 나아가면 이롭다.

- 중부(中孚)는 '어미새가 알을 품어 따뜻하게 한다'는 뜻.
- 부(孚)는 '성실하다' '믿다'라는 의미도 있음.
- 상괘인 손(巽)은 바람, 하괘인 태(兌)는 연못. 연못 위에서
  바람이 불면 물은 마음을 비우고 수용해 어떤 지역에도 도
  달할 수 있다.
- 진심이 깃들인 성의가 광범위하게 영향을 끼친다는 것을

상징.

- 부(孚)의 본래 의미는 부(孵)로, 달걀이 부화되는 시간은 마음대로 조절할 수 없어 신용을 지켜야 한다는 뜻이며 교화의 의미도 있음.

- 중앙 두 개의 음효는 중심의 공허함, 즉 허심(虛心)의 의미.

- 위아래 양 괘의 중효(中爻)는 둘 다 양효로, 중심이 충실해 서로 성실하게 대한다는 의미.

- 성실한 미덕이 갖추어지면 평민의 제사에 돼지나 물고기를 제물로 바쳐도 신이 받아들인다(과거에 평민은 제사를 지낼 때 돼지나 물고기를 올리기 어려웠다).

- 또 괘의 모양이 외실내허(外實內虛)로 배의 형상. 더구나 손은 나무, 태는 연못으로 나무가 연못 위에 있어 항해하는 배도 상징함.

- 당연히 정도를 지켜야 하는 것이 원칙.

- 신용을 지킬 줄 아는 사람은 약속을 실행한다. 그러나 작은 약속들이 지나친 것은 문제다. 따라서 다음 괘는 소과괘(小過卦)다. 소과(小過)는 '작은 것이 너무 많다'는 의미.

## 62. 진상간하(震上艮下) 뇌산소과(雷山小過)

- 凶
- 양대음소(陽大陰小), 지나침.
- 상하의 반목, 의견 대립.
- 정기검진.

小過(소과) 亨(형) 利貞(이정) 可小事(가소사), 不可大事(불가대사) 飛鳥遺之音(비조유지음) 不宜上(불의상), 宜(의) 大吉(대길).

→ 우레와 산은 소과(小過)다. 예를 갖추고 마음을 바르게 가지면 이롭다. 작은 일은 가능하지만 큰일은 이루기 어렵다. 하늘을 나는 새가 울음소리를 남긴다. 올라가는 것은 마땅치 않으나 내려가는 것은 좋다.

- 소과(小過)는 '약간 지나치다'라는 뜻.
- 하괘인 간(艮)은 산, 상괘인 진(震)은 천둥. 천둥이 산 위에

있어 천둥소리가 너무 작기 때문에 약간의 지나침이라는 의미가 파생됨.

- 네 개의 음효와 두 개의 양효는 음이 지나친 형상으로 양이 작고 음이 크기 때문에 소과(小過)라 함.

- 지나친 것 자체는 크게 나쁘지 않지만 음효이기 때문에 더욱 정도를 지켜야 한다.

- 더구나 큰일을 할 때는 절대로 지나치지(過) 말아야 한다.

- 중앙 두 개의 양효가 새의 몸이고 위아래 음효가 날개로, 날아가는 새와 비슷하다. 그러나 부화하는 상태인 중부괘(中孚卦)와는 달리 새는 이미 부화된 상태다.

- 새가 하늘을 날긴 하지만 슬픈 울음소리밖에 남기지 않음을 상징. 따라서 올라가면 위험하고 내려와서 깃들일 장소를 발견해야 이익을 얻을 수 있다고 해석한다.

- 상괘인 진은 약동을, 하괘인 간은 멈춤을 상징하기 때문에 아래로 내려가면 이롭고 위로 올라가면 해롭다는 의미.

- 이 괘는 새의 형상으로, 상승지향이 저해를 받으면 다시 본업으로 돌아가라는 경계. 즉, 인간의 도리를 따라야 대업을 이룰 수 있기 때문에 다음 괘는 '충족'을 의미하는 기제괘(旣濟卦)다.

## 63. 감상이하(坎上離下) 수화기제(水火旣濟)

- 中
- 완성.
- 상호작용, 협조, 협력, 번영, 평화, 기쁨.
- 노이로제, 신경성 질환, 생식기 계통의 질환, 비만.

旣濟(기제) 亨小(형소), 利貞(이정) 初吉(초길) 終亂(종란).
→ 물과 불은 기제(旣濟)다. 일이 이미 이루어졌다는 것은 형통할 것이 작다는 뜻이다. 마음을 곧고 바르게 가지면 이로우나 처음은 좋고 나중은 어지러울 것이다.

- 기제(旣濟)란 '이미 일을 성취했다' '이미 물을 건넜다' '이미 어려움에서 벗어났다'는 뜻.
- 하괘인 이(離)는 불, 상괘인 감(坎)은 물. 불과 물이 모두 갖추어져 있어 요리가 이미 완성되었음을 상징. 그러나 물이 불 위에 있어 불이 꺼질 위험이 있음.

- 양효가 모두 홀수, 음효는 모두 짝수의 위치에 있어서 모두 정(正)을 얻은 완전한 모습으로 성공을 상징.

- '제(濟)'는 강을 건넌다는 뜻으로 '이룬다'는 의미도 있으며 기제(旣濟)는 이미 달성한 것으로 모든 것을 초월해 반드시 성공한다고 봄.

- 그러나 자연의 조화는 음양이 복잡하게 얽혀 있기 때문에 변화가 발생하지 않을 수 없다. 지나치게 완전하면 오히려 경직되어 생기를 잃는다. 그 때문에 이 괘의 형상은 더 이상 이룰 것이 없어 작은 일밖에 진행되지 않는다는 의미.

- 성공이 찾아오면 극단적인 흥분 속에서 모든 것이 순조롭게 진행되지만, 사물이 극에 이르면 반드시 되돌아가 태만, 혼란에 빠지기 쉽기 때문에 선인의 업적을 지키는 것이 더욱 어렵다.

- 만물은 모든 것이 충족된 상태로만 있을 수는 없기 때문에 다음 괘는 '다시 충족되지 않은 상태로 돌아간다'는 의미의 미제괘(未濟卦)다.

- 『역경』은 '미제괘'로 끝나 대자연의 순환은 그침이 없으며 인간사회는 한계가 없음을 상징.

### 64. 이상감하(離上坎下) 화수미제(火水未濟)

- 中
- 미완성.
- 불화, 변역(變易)의 순리.
- 건강 회복.


未濟(미제) 亨(형) 小狐汔濟(소호흘제) 濡其尾(유기미), 無攸
利(무유리).

　→ 불과 물은 미제(未濟)다. 형통할 괘다. 어린 여우가 강을
건너는데 꼬리가 적셔지면 이로울 것이 없다.


- 미제(未濟)란 '아직 건너지 않았다' '미완성'이라는 뜻.
- 상괘인 이(離)는 불, 하괘인 감(坎)은 물. 불이 위를 향해 타
　오르는데 물은 아래를 향해 흘러가 서로 등을 돌리고 있기
　때문에 미완성을 상징.
- 단, 불과 물의 방향이 각각 그 속성을 따르고 있기 때문에

역시 순조롭다고 본다.

- 상괘인 이(離)의 육오(六五)는 중용을 엄수해 순조로움을 나타냄.
- 그러나 하괘의 구이(九二)는 곤란한 상황에 놓여 있는 여우를 상징한다. 감(坎)은 물로 위험을 뜻하는데 강을 건너는 여우의 머리는 기슭에 올라가 있지만, 꼬리는 여전히 물속에 있어 위험을 벗어나지 못했기 때문.
- 효의 위치는 모두 정(正)을 얻지 못해 미완성을 의미.
- 그 때문에 길흉이 아직 정해지지 않아 미래의 희망을 상징.

# 역경(易經) 자연의 이치에 합당한 삶

---

| 펴낸날 | **초판 1쇄 2014년 5월 19일** |

---

| 지은이 | **이태룡** |
| 펴낸이 | **심만수** |
| 펴낸곳 | **(주)살림출판사** |
| 출판등록 | **1989년 11월 1일 제9-210호** |

---

| 주소 | **경기도 파주시 광인사길 30** |
| 전화 | **031-955-1350** 팩스 **031-624-1356** |
| 기획·편집 | **031-955-4662** |
| 홈페이지 | **http://www.sallimbooks.com** |
| 이메일 | **book@sallimbooks.com** |

---

| ISBN | 978-89-522-2880-2 04080 |

---

※ 값은 뒤표지에 있습니다.
※ 잘못 만들어진 책은 구입하신 서점에서 바꾸어 드립니다.

이 도서의 국립중앙도서관 출판시도서목록(CIP)은 서지정보유통지원시스템 홈페이지
(http://seoji.nl.go.kr)와 국가자료공동목록시스템(http://www.nl.go.kr/kolisnet)에서
이용하실 수 있습니다.(CIP제어번호: CIP2014014484)

---

| 책임편집 | **최진** |

## 026 미셸 푸코　　eBook

양운덕(고려대 철학연구소 연구교수)

더 이상 우리에게 낯설지 않지만, 그렇다고 손쉽게 다가가기엔 부담스러운 푸코라는 철학자를 '권력'이라는 열쇠를 가지고 우리에게 열어 보여 주는 책. 권력은 어떻게 작용하는가에서 논의를 시작하여 관계망 속에서의 권력과 창조적·생산적·긍정적인 힘으로서의 권력을 이야기해 준다.

## 027 포스트모더니즘에 대한 성찰　　eBook

신승환(가톨릭대 철학과 교수)

포스트모더니즘의 역사와 논의를 차분히 성찰하고, 더 나아가 서구의 근대를 수용하고 변용시킨 우리의 탈근대가 어떠한 맥락에서 이해되는지를 밝힌 책. 저자는 오늘날 포스트모더니즘으로 대변되는 탈근대적 문화와 철학운동은 보편주의와 중심주의, 전체주의와 이성 중심주의에 대한 거부이며, 지금은 이 유행성의 뿌리를 성찰해 볼 때라고 주장한다.

## 202 프로이트와 종교　　eBook

권수영(연세대 기독상담센터 소장)

프로이트는 20세기를 대표할 만한 사상가이지만, 여전히 적지 않은 논란과 의심의 눈초리를 받고 있다. 게다가 신에 대한 믿음을 빼앗아버렸다며 종교인들은 프로이트를 용서하지 않을 기세이다. 기독교 신학자인 저자는 이 책을 통해 종교인들에게 프로이트가 여전히 유효하며, 그를 통하여 신앙이 더 건강해질 수 있다는 점을 보여 주려 한다.

## 427 시대의 지성 노암 촘스키　　eBook

임기대(배재대 연구교수)

저자는 노암 촘스키를 평가함에 있어 언어학자와 진보 지식인 중 어느 한 쪽의 면모만을 따로 떼어 이야기하는 것은 불합리하다고 말한다. 이 책에서는 촘스키의 가장 핵심적인 언어이론과 그의 정치비평 중 주목할 만한 대목들이 함께 논의된다. 저자는 촘스키 이론과 사상의 본질에 다가가기 위한 이러한 시도가 나아가 서구 사상을 받아들이는 우리의 자세와도 연결된다고 믿고 있다.

### 024 이 땅에서 우리말로 철학하기

이기상(한국외대 철학과 교수)

우리말을 가지고 우리의 사유를 펼치고 있는 이기상 교수의 새로운 사유 제안서. 일상과 학문, 실천과 이론이 분리되어 있는 '궁핍의 시대'에 사는 우리에게 생활세계를 서양학문의 식민지화로부터 해방시키고, 서양이론의 중독으로부터 벗어나야 한다고 역설한다. 저자는 인간 중심에서 생명 중심으로의 변환과 관계론적인 세계관을 담고 있는 '사이 존재'를 제안한다.

### 025 중세는 정말 암흑기였나　eBook

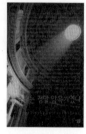

이경재(백석대 기독교철학과 교수)

중세에 대한 친절한 입문서. 신과 인간에 대한 중세인의 의식을 다루고 있는 이 책은 어떻게 중세가 암흑시대라는 일반적인 인식을 가지게 되었는지에 대한 물음을 추적한다. 중세는 비합리적인 세계인가, 중세인의 신앙과 이성은 어떠한 관계를 갖고 있는가 등에 대한 논의를 하고 있다.

### 065 중국적 사유의 원형　eBook

박정근(한국외대 철학과 교수)

중국 사상의 두 뿌리인 『주역』과 『중용』을 철학적 관점에서 접근한다. '산다는 것은 무엇인가?'라는 근원적 질문으로부터 자생한 큰 흐름이 유가와 도가인데, 이 두 사유의 흐름을 거슬러 올라가다 보면 그 둘이 하나로 합쳐지는 원류를 만나게 된다. 저자는 『주역』과 『중용』에 담겨 있는 지혜야말로 중국인의 사유세계를 지배하는 원류라고 말한다.

### 076 피에르 부르디외와 한국사회　eBook

홍성민(동아대 정치외교학과 교수)

부르디외의 삶과 저작들을 통해 그의 사상을 쉽게 소개해 주고 이를 통해 한국사회의 변화를 호소하는 책. 저자는 부르디외가 인간의 행동이 엄격한 합리성과 계산을 근거로 행해지기보다는 일정한 기억과 습관, 그리고 사회적 전통에 영향을 받는다는 사실로부터 시작한다는 점을 강조한다.

## 096 철학으로 보는 문화　eBook

신응철(숭실대 인문과학연구소 연구교수)

문화와 문화철학 연구에 관심 있는 사람을 위한 길라잡이로 구상된 책. 비교적 최근에 분과학문으로 등장하기 시작한 문화철학의 논의에 반드시 들어가야 할 요소를 선택하여 제시하고, 그 핵심 내용을 제공한다. 칸트, 카시러, 반 퍼슨, 에드워드 홀, 에드워드 사이드, 새무얼 헌팅턴, 수전 손택 등의 철학자들의 문화론이 소개된다.

## 097 장 폴 사르트르　eBook

변광배(프랑스인문학연구모임 '시지프' 대표)

'타자'는 현대 사상에 있어 가장 중요한 개념 중 하나이다. 근대가 '자아'에 주목했다면 현대, 즉 탈근대는 '자아'의 소멸 혹은 자아의 허구성을 발견함으로써 오히려 '타자'에 관심을 갖게 되었다. 그리고 타자이론의 중심에는 사르트르가 있다. 사르트르의 시선과 타자론을 중점적으로 소개한 책.

## 135 주역과 운명　eBook

심의용(숭실대 강사)

주역에 대한 해설을 통해 사람들의 우환과 근심, 삶과 운명에 대한 우리의 자세를 말해 주는 책. 저자는 난해한 철학적 분석이나 독해의 문제로 우리를 데리고 가는 것이 아니라 공자, 백이, 안연, 자로, 한신 등 중국의 여러 사상가들의 사례를 통해 우리네 삶을 반추하는 방식을 취한다.

## 450 희망이 된 인문학　eBook

김호연(한양대 기초·융합교육원 교수)

삶 속에서 배우는 앎이야말로 인간의 운명을 바꿀 수 있는 기회를 준다. 그래서 삶이 곧 앎이고, 앎이 곧 삶이 되는 공부를 하는 것이 무엇보다 중요하다. 저자는 인문학이야말로 앎과 삶이 결합된 공부를 도울 수 있고, 모든 이들이 이 공부를 할 수 있어야 한다고 믿는다. 특히 '관계와 소통'에 초점을 맞춘 인문학의 실용적 가치, '인문학교'를 통한 실제 실천사례가 눈길을 끈다.

eBook 표시가 되어있는 도서는 전자책으로 구매가 가능합니다.

(주)살림출판사

www.sallimbooks.com

주소 경기도 파주시 문발동 522-1 | 전화 031-955-1350 | 팩스 031-955-1355